SOUS VIDE

Der ultimative Guide zu Technik und Rezepten

ABKÜRZUNGEN

cm = Zentimeter	kg = Kilogramm	Msp. = Messerspitze	E = Eiweiß
El = Esslöffel	l = Liter	Tl = Teelöffel	F = Fett
g = Gramm	ml = Milliliter		KH = Kohlenhydrate

HINWEIS

Die Inhalte dieses Buches wurden von Autor und Verlag sorgfältig geprüft, dennoch kann keine Garantie übernommen werden. Eine Haftung von Autor und Verlag für Personen-, Sach- und Vermögensschäden ist ausgeschlossen.

Bei den Zutatenmengen ist jeweils das Rohgewicht, also das Gewicht des Lebensmittels vor der Verarbeitung, angegeben. Bei Stückangaben gehen wir immer von Lebensmitteln mittlerer Größe aus.

BILDNACHWEIS

Fotos: TLC Fotostudio, außer S. 12, 13, 15, 17, 18, 19, 20, 21, 22, 27, 41 (Thomas Ruhl), S. 9 (privat), Goldecke auf S. 58, 64, 66, 70, 92, 94, 108, 111 (© seksan1 – Fotolia.com)

Wir danken Dirk Ludwig von der Metzgerei „Der Ludwig" aus Schlüchtern für sein unglaublich tolles Fleisch und die reibungslose Unterstützung.

www.Der-Ludwig.de

SOUS VIDE

Der ultimative Guide zu Technik und Rezepten

Dominik Rossbach

Für meine Frau Katharina
und meine Tochter Frieda

01

INHALTS-
VERZEICHNIS

VIEL SPASS MIT **SOUS-VIDE**

DER KOCHT AUCH NUR MIT WASSER

Wer kennt ihn nicht, den schönen Spruch: „Die kochen auch nur mit Wasser"? Doch nirgendwo trifft er zugleich mehr und weniger, als beim Sous-vide-Garen. Denn wirklich alles kommt ins Wasser – doch immer schön in Vakuumierbeutel eingeschweißt, sodass das Wasser nicht mit unserem Gargut in Berührung kommt. Warum das alles nicht nur viel Spaß macht, sondern auch noch aromatisch und für die Textur der Produkte super ist, erfahrt ihr auf den nächsten Seiten.

NEUGIER UND SPASS

Schon als kleiner Junge stand ich mit meiner Oma, einer sehr guten und leideschaftlichen Köchin, am Herd. Ich durfte recht schnell mithelfen, schnibbeln und sogar kochen. Die Neugier auf neue Geschmacksrichtungen, neue Produkte und neue Zubereitungsarten habe ich von meiner Oma gelernt (Danke Oma!). Und diese Neugier hat mich nie wieder losgelassen.

Das Kochen hat mich auf meinem Weg stets begleitet, auch wenn ich zunächst beruflich nichts mit der Gastronomie zu tun hatte. In dieser Zeit entdeckte ich auch schon meine Liebe zum Thema sous-vide. Der Spaß am Experimentieren und die schier endlosen Möglichkeiten, die diese Zubereitungstechnik bot, zogen mich in den Bann des Wasserbadens.

LEIDENSCHAFT WIRD BERUF

Nach und nach habe ich meine Leidenschaft für gute Produkte und gutes Essen aber zu meinem Beruf machen können.

Heute bin ich zertifizierter Fleischsommelier, Leiter der Steakschaft/Fleischerlebniszentrale (einer Kochschule), habe eine Grillakademie geleitet und schule Restaurants und Caterer in Sous-vide-Themen. Und so bringe ich heute vielen Menschen, das Kochen, Backen und Grillen bei. Schwerpunktmäßig bin ich bei der Sous-vide-Technik geblieben und baue sie ein, wo immer ich kann.

Ich hoffe, dass ihr genauso viel Spaß an diesem Thema entwickeln werdet wie ich. Traut euch, probiert aus und denkt dran: Sous-vide-Garen ist kein Hexenwerk!

Euer
Dominik Rossbach

PS: Mein Dank geht an meine Schwiegereltern, Livius Schüssele, Frank Hecker und Manuela Zeunges sowie an Ilka Grunenberg.

02

EIN-
LEITUNG

EINIGE INFOS **VORWEG**

LUST AUF SOUS-VIDE?

Da ihr dieses Buch jetzt in den Händen haltet, gehe ich davon aus, dass ihr total Lust auf Sous-vide-Garen habt und vielleicht schon eine Grundidee, was man damit machen kann und wie es funktioniert. Wenn nicht, gibt es auf den nächsten Seiten für Einsteiger auf jeden Fall viele grundlegende Dinge, Techniken, Tipps und Tricks. Für alle, die kein Neuland betreten oder sich nach und nach sicher im Umgang mit der Technik fühlen, gibt es in diesem Buch immer wieder neue Dinge zu entdecken und Hilfestellungen, um zu experimentieren und auszuprobieren. Gar-, Temperatur- und Aromatabellen sowie Hinweise bei den Rezepten selber machen es euch einfach, sous-vide in euren Alltag einzubeziehen.

WAS ALLES DRIN IST

Für dieses Buch gilt: keine Angst, die Rezepte sind einfach. Es gibt einige, die ein bisschen aufwendiger sind oder besondere Fleischschnitte nutzen, die haben wir extra mit einer Goldkante gekennzeichnet, damit ihr sofort seht, wo ein Rezept nicht mehr ganz so simpel ist.

Natürlich haben wir viele Fleisch- und Fischrezepte in diesem Buch. Von Kalb und Rind, Schwein, Geflügel sowie Wild bis hin zu Fisch und Meeresfrüchten könnt ihr viele Produkte und ihre Gareigenschaften kennenlernen. Aber auch für Gemüse und Obst sowie Desserts gibt es eigene Kapitel. Denn auch Kartoffeln oder Erdbeeren sind es wert, sous-vide gegart zu werden, Textur und Aroma lassen euch vor Freude in die Luft hüpfen, ich verspreche es euch.

Jetzt geht's aber los! Viel Spaß!

Goldkante bei aufwendigen Rezepten

MEHR WISSEN *Nach der Garzeit können die Ribs bei Bedarf noch im Beutel in einem Eiswasserbad abgekühlt werden und so im Kühlschrank für bis zu sieben Tage gelagert werden.*

VAKUUMIERT MARINIEREN
3 STUNDEN
RÄUCHERN
SOUS-VIDE
65 °C
24 STUNDEN
\+ grillen

SPARE-
RIBS

8 PORTIONEN

ZUTATEN

FÜR DEN MAGIC DUST RUB
60 g edelsüßes Paprikapulver
30 g Meersalz
55 g brauner Zucker
3 Tl Knoblauchgranulat
30 g Chilipulver
30 g gemahlener Kreuzkümmel
30 g Senfpulver
2 Tl gemahlener schwarzen Pfeffer
2 Tl Cayennepfefferpulver

FÜR DIE RIBS
4 Stränge Baby Back Ribs à ca. 500 g
4 El BBQ-Rub Magic Dust
4-8 El BBQ-Sauce nach Wahl (z. B. Bone Sucking Sauce)
Räucherchips (Kirsche)

Pro Portion ca. 555 kcal/2318 kJ
66 g E • 27 g F • 12 g KH

Für den Rub alle Zutaten gut vermischen und in ein luftdicht verschließbares Schraubglas geben.

Die Baby Back Ribs zuerst von der Silberhaut auf der Knochenseite befreien. Dafür einen Teelöffel oder ein Besteckmesser unter die Haut schieben, diese anheben und vom Knochen lösen. Dann mit einem Küchenpapier packen und abziehen.

Die Rippchen nun großzügig mit der Würzmischung einreiben und diese festklopfen. Zum Marinieren fest in Frischhaltefolie einwickeln oder in einen Vakuumierbeutel geben und vakuumieren. Über Nacht im Kühlschrank marinieren.

Am nächsten Tag den Grill für indirekte sehr geringe Hitze vorbereiten. Die Räucherchips auf die Kohlen geben und die Rippchen für 1 Stunde bei geringer Temperatur räuchern. Die Ribs vom Grill nehmen und erneut in einen Vakuumierbeutel geben und vakuumieren. Das Wasserbad auf 65 °C vorheizen, die Ribs hineingeben und 24 Stunden garen.

Zum Fertigstellen den Grill für hohe Hitze vorbereiten, die Rippchen aus den Beuteln nehmen, mit der BBQ-Sauce bestreichen und auf dem Grill von beiden Seiten jeweils ca. 3 Minuten grillen.

DAZU PASST

\+ Bone Sucking Sauce → S. 149
\+ frisches Bauernbrot

94 SCHWEIN

Hier erkennt ihr sofort, ob klassisch vakuumiert oder der Beutel mithilfe der Zip-Lock-Methode verschlossen wird. Erklärungen zu beiden findet ihr auf S. 12 und S. 16.

Klar, hier steht die Wasserbadtemperatur.

Hier steht die reine Zeit im Wasserbad. Vor- und Nachbereitung sind NICHT mit eingerechnet.

ROTE BETE **TATAR**

4 PORTIONEN

Pro Portion ca. 257 kcal/1076 kJ
4 g E • 20 g F • 16 g KH

SOUS-VIDE ODER ZIP-LOCK-METHODE
85 °C
2 STUNDEN

ZUTATEN

4 Rote Bete
1 Zweig Thymian
1 Prise Murray River Salt
Olivenöl (z. B. Band of Chefs)

ROTE BETE

Die Rote Bete schälen (am besten mit Handschuhen) und in 2 cm große Würfel schneiden. Das Wasserbad auf 85 °C vorheizen. Die Rote Bete mit dem Thymianzweig, dem Salz und einem Schluck Olivenöl in einen Vakuumierbeutel geben und diesen vakuumieren oder in einen Zip-Lock-Beutel geben und mithilfe der Wasserverdrängungsmethode (s. S. 16) schließen.

Die Rote Bete für 2 Stunden im Wasserbad garen.

Für eine spätere Verwendung sofort in Eiswasser abkühlen und im Kühlschrank aufbewahren.

SCHMECKT ZU Kabeljau → S. 105

Gerade beim Gemüse gibt es manchmal zwei Möglichkeiten, mit dem Produkt umzugehen. In seiner schlichten Zubereitung dient es oft als Beilage. Hier ist notiert, wozu es passt.

ZUTATEN

1 kleine rote Zwiebel
3 El Traubenkern- oder Olivenöl
2 El Sherryessig
1 El Agavendicksaft
Salz
Pfeffer
30 g Haselnusskerne

FEINES TATAR

Die Rote Bete und die Zwiebel in sehr fe
und Agavendicksaft gut vermengen, mit
Rote Bete und Zwiebeln zur Vinaigrette
destens 20 Minuten ziehen lassen. Die Bete mithilfe eines Dessert- oder Anrichteringes (ca. 7 cm Ø) anrichten. Selbstverständlich schmeckt das Tatar beim Anrichten mit einem Esslöffel ebenso gut. Die Haselnusskerne hacken, in einer Pfanne ohne Fett trocken rösten und über das Tatar streuen.

DAZU PASST Onsen-Ei → S. 42 | Sauce Béarnaise → S. 152

Wenn ihr das Gemüse in den Mittelpunkt stellen oder aus Fleisch oder Fisch ein ganzes Gericht kreieren möchtet, findet ihr an dieser Stelle, mit welchen anderen Produkten ihr sie zusammen servieren könnt.

28 GEMÜSE

SOUS-VIDE **KURZ ERKLÄRT**

WAS PASSIERT EIGENTLICH?

Ein Lebensmittel wird vakuumiert und eingeschweißt und kommt dann zum Garen in ein warmes Wasserbad, das mithilfe des Sous-vide-Gerätes konstant bei einer gewählten Temperatur gehalten wird. Euer Gargut ist sowas Ähnliches wie ein Warmduscher. Nur in der Wanne.

Wörtlich übersetzt heißt „sous-vide" ganz schlicht „unter Vakuum", also letztlich „ohne Luft". Das beschreibt zwar ganz zackig das Prinzip, ein Lebensmittel unter Ausschluss von Luft einzuschweißen, aber das ist ja nur die halbe Miete. Der zweite, im Namen nicht beachtete Aspekt ist nämlich das anschließende Garen bei Niedrigtemperatur. Entweder sorgt ein Stick zum Einhängen dafür, dass in einem Topf oder in einer Wanne die Temperatur immer konstant bleibt, oder ein komplettes Gerät, das Wanne und Heizung gleichzeitig ist.

Technisch gesehen handelt es sich beim Sous-vide-Garen also um eine moderne Niedrigtemperaturtechnik unter Ausschluss von Luft. Langweilig? Nope. Wer einmal ein sous-vide gegartes Steak oder eine sous-vide gegarte Erdbeere gegessen hat, will dieses kulinarische Erlebnis immer wieder haben. Textur, Saftigkeit und Aroma sind einfach unschlagbar.

DAS PRINZIP „OHNE LUFT"

Das Gargut wird mithilfe eines Vakuumiergerätes in einen Vakuumbeutel aus Kunststoff eingeschweißt. Alternativ könnt ihr das Gargut auch in einen Zip-Lock-Beutel geben und mithilfe der Wasserverdrängungsmethode (s. S. 16) verschließen. Der Luftausschluss und das Einschweißen führen dazu, dass das Lebensmittel während der Zubereitung weder mit dem Kochwasser noch mit der Luft in Berührung kommt. Kochwasser würde das Gargut auslaugen und Gewürze auswaschen, Luft wiederum würde das Lebensmittel austrocknen.

Alles in allem sieht das so aus: Im Vakuum kann sich der volle Geschmack des Produktes entfalten. Durch das Vakuum können keine Aromen verdampfen oder Flüssigkeiten austreten. Das Produkt gart in seinem eigenen Sud, der Geschmack wird intensiver. Im Übrigen können vakuumierte Lebensmittel nicht mehr mit Sauerstoff reagieren. So verlängert sich grundsätzlich auch noch ihre Haltbarkeit.

Üblicherweise wird das Vakuum mit einem Vakuumierer erzeugt, der auch gleichzeitig den Kunststoffbeutel durch Verschweißen verschließt. Aber braucht es unbedingt ein Vakuumiergerät? Meine Antwort dazu ist sehr eindeutig: Jein. Ich benutze tatsächlich immer mal wieder Zip-Lock-Beutel mit Doppelverschlussstreifen, die ich dann mithilfe der Wasserverdrängungsmethode (s. S. 16) verschließe. Gerade wenn ihr Flüssigkeiten mit einschweißen möchtet, ist diese Methode sogar ziemlich gut. Vakuumiergeräte für den Hausgebrauch können das nämlich nicht. Und wer hat schon einen teuren Profi-Kammervakuumierer zu Hause? Ich nicht.

Bei der Zip-Lock-Methode bleibt ziemlich viel Luft draußen. Und das reicht schon, um den gewollten Sous-vide-Effekt bei Gargrad und Textur zu erreichen. Ein echtes Vakuum ist für diese beiden Aspekte also gar nicht so entscheidend.

Aber gewisse Vorteile hat das „richtige" Vakuumieren schon, z. B. können durch den leichten Druck, der dabei entsteht, feine Strukturen wie beim Fisch besser erhalten werden. Luft ist ja außerdem an Oxidationsprozessen beteiligt, das Gargut trocknet also nicht nur an der Luft aus, Äpfel werden zum Beispiel durch Oxidation an ihren Schnittstellen braun. Außerdem gilt: Je länger die Gardauer, desto sorgfältiger sollte auch der Luftausschluss sein. Und beim „echten" Vakuumieren ist der Ausschluss von Luft eben doch effektiver. Aber auch im Zip-Lock-Beutel ist die Menge an Sauerstoff nur begrenzt, denn von außen kommt schließlich keine Luft nach.

Wenn ihr das mit dem Sous-vide-Garen also erst mal testen wollt, ist die Zip-Lock-Methode eine tolle Möglichkeit, ganz einfach zu starten, wenn ihr mehr macht, solltet ihr euch auf Dauer auch ein gutes Vakuumiergerät anschaffen (s. S. 15). Die Beutel, die ihr dafür verwendet, sind auch deutlich stabiler und es besteht keine Gefahr, dass ein Löchlein im Beutel euer Ergebnis im wahrsten Sinne verwässert.

DAS PRINZIP „NIEDRIGGAREN"

Proteine sind fragile Geschöpfe. Mit der Niedriggartechnik, wie wir sie beim Sous-vide-Garen nutzen, kann man sie vortrefflich hegen und pflegen und sie ehrerbietig behandeln. Gartemperaturen werden so gewählt, dass Proteine, wie das Kollagen in Fisch und Fleisch, nicht gerinnen, also eine tolle Konsistenz des Produktes erreicht wird. Fleisch oder Fisch wird nicht matschig und auch nicht zäh. Misshandlungen z. B. in zu heißen Pfannen sind nachhaltig, einmal vollzogen, kann der Garprozess nicht rückgängig werden. Daher auch beim Nachbraten bitte beachten: nie zu heiß und nie zu lange braten!

Mit einem Sous-vide-Gerät kann die Kerntemperatur des Garguts ziemlich exakt angesteuert werden: Die Wassertemperatur wird auf einen bestimmten Wert eingestellt und das Gargut nimmt im Inneren nach einer gewissen

Zeit genau diese Temperatur an. Man spricht von Wassertemperatur = Kerntemperatur. Die Garung kann auf diese Weise sehr kontrolliert eingestellt werden.

Man unterscheidet zwei Methoden: die sanfte und die heiße. Bei der sanften Methode ist die Wassertemperatur gleich oder nur gering höher als die gewünschte Kerntemperatur. Dafür müsst ihr etwas mehr Zeit einkalkulieren. Bei der heißen Methode liegt die Wassertemperatur deutlich über der gewünschten Kerntemperatur, der Spaß benötigt dann zwar weniger Zeit, aber ihr braucht einen Temperaturfühler zum Kontrollieren der Kerntemperatur. Denn die Garzeiten sind hierbei viel strikter einzuhalten, um den Kern nicht zu übergaren. Eine magere Schweinelende, reines Muskelfleisch, bei 70 °C über 12 Stunden gegart, wäre vollkommen trocken, das Fleisch faserig, alle Fleischsäfte befänden sich im Garbeutel. Gartemperatur und Garzeit wären viel zu hoch und alle positiven Aspekte des Sous-vide-Garens perdu.

Ein mageres, quasi kollagenfreies Wildfilet bei 62 °C über 7 Stunden gegart kann breiig, cremig und strukturlos werden, während es nach 1 Stunde perfekt ist. Eine einfache Temperatur-Zeit-Relation „weniger Temperatur – längere Zeit" gibt es also nicht. Auch dies liegt an der Natur der Proteingarung und der Wahl der Temperatur, aber auch an der Proteinzusammensetzung der Lebensmittel.

Das heißt eben auch: Aufgrund unterschiedlicher Garzeiten und -temperaturen kann man Gemüse, Fisch und Fleisch weder zusammen vakuumieren noch zusammen garen.

AUF EINEN **BLICK**

- Vorbereiten
- In den Vakuum- oder Zip-Lock-Beutel geben, Luft entziehen und verschließen.
- Ausreichend Wasser in das dafür vorgesehene Becken füllen und das Wasserbad auf die benötigte Temperatur vorheizen.
- Das Gargut in das Wasser legen und garen.
- Wenn das fertig gegarte Lebensmittel nicht sofort verwendet wird: in Eiswasser sehr schnell abkühlen und in den Kühlschrank oder in das Gefrierfach legen. Dann muss es aber vor der Fertigstellung auf Zimmertemperatur gebracht werden und schließlich wieder erwärmt werden.
- Gegebenenfalls (je nach Wunsch und Produkt) anbraten, grillen oder in den Beefer packen.
- Servieren

SCHRITT FÜR **SCHRITT**

VORBEREITEN

Das Lebensmittel wird erst mal ganz „normal" vorbereitet. Es muss hygienisch einwandfrei sein. Zum Vorbereiten gehört auch darauf zu achten, dass das Produkt Zimmertemperatur hat. Sollte vorher Fleisch angebraten werden, dann bitte abkühlen lassen. Gegebenenfalls muss das Gargut portioniert werden, das steht aber im Rezept, wenn das nötig ist.

VAKUUMIEREN

Das Gargut wird mit den weiteren Zutaten in den Vakuumierbeutel gefüllt. Am besten krempelt ihr den Beutel vorher zu etwa einem Drittel um, so bleibt die Kante sauber und das Einschweißen funktioniert problemlos. Dann die Kante umkrempeln und den Beutel nach der Bedienungsanleitung des jeweiligen Gerätes einschweißen. Falls das Gerät nur verschweißt und nicht gleichzeitig trennt, könnt ihr den überstehenden Streifen des Beutels auch mit einer Schere oder einem Messer abschneiden.

Es ist technisch unmöglich, ein vollständiges Vakuum zu erzeugen. Ungeachtet dieser Tatsache hat sich eingebürgert, auch einen nahezu luftleeren Raum als Vakuum zu bezeichnen.

Die besten Ergebnisse erzielt man mit einem Kammervakuumierer. Mit ihm erreicht man ein Vakuum von über 99 %. Der Nachteil: Sie sind riesengroß und echt teuer. Restaurants arbeiten natürlich mit diesen tollen Dingern. Man kann mit ihnen zum Beispiel bis zu einem gewissen Grad auch Flüssigkeiten vakuumieren. Aber nu denn, man kann nicht alles haben.

Bei Geräten aus Kunststoff für Privathaushalte wird die Luft vom Gerät direkt aus dem Beutel gesogen. Diese Geräte erreichen ein Vakuum von 35 bis 70 %. Ich benutze manchmal schlichte Zip-Lock-Beutel, wie das erreichte Vakuum da aussieht, kann ich euch nicht sagen, funktionieren tut's aber auch (s. S. 16). ACHTUNG: Bitte verwendet die Zip-Lock-Beutel mit zwei Verschlussstreifen und nicht die, mit diesem Zip-Schieber. Schaut die Bilder auf S. 16 an, dann versteht ihr, welche Beutel ich meine.

Die beiden letztgenannten Varianten bergen aber ein Problem. Die Restluft kann dazu führen, dass der Beutel im Becken aufschwimmt und das Gargut nicht ganz unter Wasser ist. Dafür gibt es mittlerweile kleine Gewichte zum Anklippen, die das Gargut unter Wasser halten.

Aber so ist das letztlich immer: Es gibt pragmatische Lösungen und optimale Lösungen, manchmal sogar beides auf einmal – ihr schaut selbst wie viel Geld euch was davon wert ist.

**Spezielle Vakuumbeutel gibt es einzeln oder als Rolle. Sie umschließen das Gargut gut und sind sehr reißfest.
Sous-vide-Vakuumbeutel halten Salze, Wasser, Sauerstoff und Säuren zurück, nicht aber fettlösliche Aromastoffe (z. B. von Kräutern). Wenn es beim Baden nach Rosmarin riecht, heißt das also nicht, dass der Beutel kaputt ist.**

WASSERVERDRÄNGUNGS**METHODE**

Ihr füllt euer Waschbecken oder eine Wanne mit kaltem Wasser. Das Gargut kommt in einen Zip-Lock-Beutel mit zwei Verschlussstreifen. Der Beutel bleibt erst mal offen.

Fasst den Beutel rechts und links an und taucht ihn langsam bis kurz unter die Beutelkante ins Wasser. Der Wasserdruck sorgt dafür, dass die Luft entweicht.

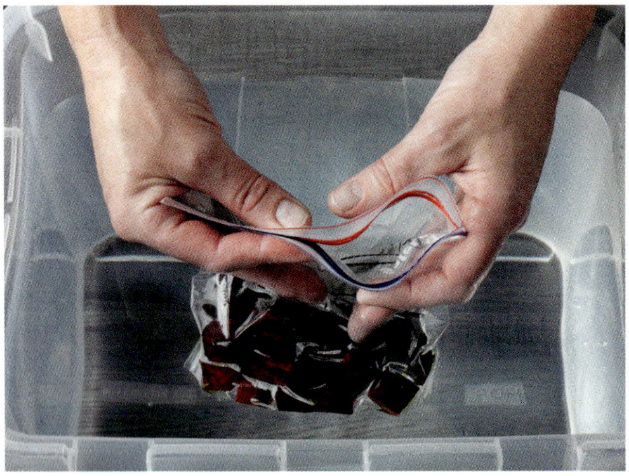

Mit einer Hand den Beutel weiter unter Wasser halten, mit der anderen Hand die Verschlussstreifen zusammendrücken. Wenn ihr einen Küchengehilfen zur Hand habt: nutzt ihn. Einer hält den Beutel, einer zippt – geht einfacher zu zweit.

VORTEILE DER ZIP-LOCK-METHODE

Wenn ihr keinen Vakuumierer zur Hand habt oder er streikt: Die Zip-Lock-Methode könnt ihr letztlich für alle Rezepte verwenden. Wenn ihr einen Vakuumierer habt und er auch funktioniert, könnt ihr mit den üblichen Vakuumiergeräten für zu Hause nur minimale Mengen Flüssigkeit mit einvakuumieren (s. Tipp auf der nächsten Seite). Bei der Wasserverdrängungmethode ist das anders. So könnt ihr zum Beispiel auch das Eis von S. 119 zubereiten.

SCHRITT FÜR **SCHRITT**

SO GEHT DAS MIT DEM GAREN

Dafür braucht ihr ein Gerät, das euch das Wasserbad auf Temperatur bringt – auf der nächsten Seite gibt es Infos zu den Geräten.

Für euren Workflow heißt das aber nicht mehr als: Wasserbad mit einem geeigneten Gerät auf Temperatur bringen. Gargut im Beutel hineinlegen. Wecker stellen.

TEMPERATUR UND GARZEIT

Jedes Produkt hat seine spezifische Textur, darauf sind Kerntemperatur und Garzeit abzustimmen. Die Wassertemperatur ist abhängig von der Fleischsorte und der gewünschten Kerntemperatur des Fleisches. Gartabellen können als gute Anhaltspunkte dienen, doch optimale Gartemperaturen und -zeiten hängen von vielen Parametern ab:

+ **Anfangstemperatur (ist diese niedrig und die Wassermenge gering, führ das dazu, dass das Wasser erstmal abkühlt)**
+ **Unterschiede in der Proteinzusammensetzung**
+ **Dicke des Garguts**
+ **Aber auch Aufzucht, Futter, Art der Tierhaltung**

ANGABEN ZU TEMPERATUR UND ZEIT

In den jeweiligen Kapiteln findet ihr ausführlichere Angaben zu Temperatur und Zeit.

Gemüse → S. 27
Geflügel → S. 40
Rind und Kalb → S. 56/57
Wild → S. 74
Schwein → S. 84/85
Fisch und Meeresfrüchte → S. 98/99
Obst und Desserts → S. 116/117

KLEINE MENGEN FLÜSSIGKEIT VAKUUMIEREN

Diese zwei Tricks können zumindest bei geringen Mengen oder sehr feuchtem Gargut helfen. Probiert es aus, ich kann keine Garantie geben.

+ **Das Gargut kommt in einen Vakuumbeutel und diesen packt ihr mit der Öffnung nach hinten in einen zweiten Beutel und vakuumiert dann. So wird der Weg, den die Flüssigkeit zurücklegen muss, sehr lang.**
+ **Ihr friert die Flüssigkeit, die in den Beutel soll, in Eiswürfelbehältnissen ein und gebt diese Eiswürfel dann mit in den Vakuumierbeutel.**

SCHRITT FÜR **SCHRITT**

THERMALISIERER

So heißen die Dinger, die dafür sorgen, dass die gewünschte Temperatur im Wasserbad konstant und über einen längeren Zeitraum gehalten wird. Neben den hochpreisigen (und auch wieder raumnehmenden) Standgeräten sind Einhängethermostate eine mega Alternative. Sie können einfach in passende Gefäße wie Töpfe oder GN-Behälter (diese Edelstahldinger die man in Großküchen oder bei Buffets sieht) eingehängt werden und arbeiten im Prinzip wie leistungsfähige Tauchsieder.

Das Gerät eurer Wahl muss eine gute Wattleistung haben, so wird das Wasser schneller erwärmt und die Temperatur kann besser gehalten werden. Ein Stick (Einhängethermostat) sollte eine Umwälzpumpe haben, die die Temperatur im Becken überall gleich hält. Standgeräte heizen über die Wannenwände, sie sind hier ausgenommen. Achtet unbedingt darauf, wie viel Wasser das Gerät maximal erhitzen kann, nur so könnt ihr abschätzen, wie groß euer Gargut sein kann. Es muss immer so viel Wasser im Becken sein, dass das Gargut vollständig bedeckt ist, auch wenn es Schwund durch Verdunstung gibt, und das Gerät muss es schaffen, diese Wassermenge zu erwärmen.

Achtet darauf, dass die Geräte gut zu reinigen sind, hier empfinde ich solche aus Metall als sehr gut. Je nach Kalkgehalt des Wassers sollten die Geräte regelmäßig entkalkt werden (z. B. mit Zitronensäure), um ihre Leistung zu gewährleisten und die Lebensdauer nicht zu verkürzen.

Bei Standgeräten kann man gleich loslegen, sie sind allerdings sperrig und stören oft in der Küche. Bei Einhänge-Thermostaten ist man freier, sie nehmen weniger Platz weg und sind variabler einsetzbar. Gart man wenig, hängt man sie in einen Topf, kocht man viel, hängt man sie in einen GN-Behälter. Wenn ihr so einen Behälter oder eine Wanne ohne Deckel benutzt, können sogenannte Isolationskugeln nützlich sein. Sie erlauben es auch über lange Zeiträume zu garen, ohne dass Wasser verdunstet und demnach nachgefüllt werden muss. Außerdem wird der Energieverlust beim Kochen minimiert – auch nicht dumm. Zusätzlich könnt ihr eure Wasserwannen in Styroporkisten stellen, die auch noch isolieren. Gewichte sorgen dafür, dass das Gargut permanent komplett unter Wasser ist. Gerade bei der Zip-Lock-Methode ein cooles Gimmick.

Erste Schritte könnt ihr übrigens sogar auch mit dem Thermomix oder vergleichbaren Geräten wagen: Den Topf mit Wasser füllen, den Einsatz einsetzen und das Lebensmittel eingeschweißt hineinlegen. Auch hier darauf achten, dass das Gargut komplett untergetaucht ist.

AUFTRIEB

Euer Beutel hat im Wasserbad Auftrieb? Da helfen kleine Gewichte oder der Topfdeckelhalter aus dem schwedischen Möbelhaus. Der lässt sich übrigens auch als Sparerib-Halter beim Grillen verwenden. Dann müsst ihr aber die Gummifüßchen entfernen.

NACH DEM GAREN

Wenn ihr euer fein gegartes Produkt direkt essen möchtet, kommt es entweder sofort auf den Teller oder ihr bratet es noch an - in der Pfanne, im Backofen oder sogar auf dem Grill. Wenn es noch angebraten wird, öffnet ihr den Beutel (aufschneiden oder den Zipper aufziehen), nehmt das Gargut heraus und tupft es mit Küchenpapier trocken. Würde man das Produkt nicht trocken tupfen, müsste die Hitzequelle zuerst die Flüssigkeit auf der Oberfläche verdunsten und könnte dann erst mit der sogenannten Maillard-Reaktion (der Bildung von Röstaromen) beginnen.

Eine Pfanne leicht ölen und das Gargut bei hoher Hitze von beiden Seiten schnell anbraten. Unbedingt nur sehr kurz anbraten und ein Übergaren vermeiden - gerade so, dass sich Röstaromen bilden können.

Aber ihr könnt das gegarte Produkt auch noch gut etwas lagern. So könnt ihr komplette Gerichte sous-vide zubereiten, ohne in Stress zu kommen. Dafür bereitet ihr eine Schüssel mit Eiswasser vor (sehr kaltes Wasser mit der gleichen Menge Eiswürfel), nehmt das Gargut aus dem Wasserbad und gebt es sofort in das Eisbad. Habt ihr eine 0-Grad-Zone in eurem Kühlschrank, könnt ihr das Gargut dort lagern, ansonsten im normalen Kühlschrank. Bei 0-4 °C halten die Lebensmittel sich ca. 7 Tage.

Wenn es dann gegessen werden soll, nehmt das Lebensmittel aus dem Kühlschrank und erwärmt es bei der ursprünglich im Rezept angegebenen Temperatur etwa 30-40 Minuten. Dann wie oben beschrieben anbraten oder sofort servieren.

AUF EINEN **BLICK**

- **gegarte Stücke müssen nach dem Garen unbedingt schnell im Eiswasser runtergekühlt werden**
- **große Stücke sind haltbarer als kleine**
- **Produkte mit niedrigem Wassergehalt halten länger als solche mit hohem**
- **Produkte halten umso besser, je niedriger die Lagertemperatur**
- **Rind hat eine hohe Haltbarkeit: 4–5 Wochen**
- **Schwein hat eine mittlere Haltbarkeit: 1–2 Wochen**
- **Geflügel und Fisch haben eine geringe Haltbarkeit: 4–6 Tage**

HYGIENE UND **SICHERHEIT**

HYGIENE

Natürlich stellt sich immer wieder die Frage, wie das Garen unter niedriger Temperatur mit den Hygienevorschriften in Einklang zu bringen ist. Um Lebensmittel praktisch keimfrei zu machen, sind Temperaturen erforderlich, die in den meisten Fällen über jenen liegen, die eine perfekte Textur ermöglichen - eine Küche ohne Kompromisse gibt es leider nicht. Vor allem Gartemperaturen zwischen 40 und 65 °C sind problematisch. Absolute Keimfreiheit ist nur bei Temperaturen über 85 °C gegeben.

Zeit und Temperatur spielen eine maßgebliche Rolle beim Abtöten von Krankheitserregern. So stirbt eine Salmonellenbesiedelung bei 55 °C nach einer Stunde ab, bei 60 °C bereits nach einer halben Stunde. Keimreduktion erfolgt allerdings nicht unmittelbar, sondern schreitet erst nach einer gewissen Zeit fort. Hitze muss immer eine gewisse Zeit einwirken, bis die Zahl der Keime auf ein bestimmtes Maß reduziert ist.

Letztlich ist der Mensch die größte Bakterienschleuder, also auch beim Vorbereiten sorgfältig auf hygienische einwandfreie Utensilien achten.

GUTE QUALITÄT

Das Wichtigste bei allen Zubereitungsmethoden ist die Qualität des Ausgangsproduktes! Natürlich hat die Art der Zubereitung einen Einfluss auf das Produkt. Letztendlich ist aber gerade bei Fleisch und Fisch die Qualität entscheidend! Hochwertige Produkte werden durch Sous-vide-Garen veredelt. Schlechte Produkte werden nicht besser. Ganz abgesehen davon stehen gute Produkte hygienisch besser da. Und bei schnell auf Gewicht gezüchteten Tieren ist der Wasserverlust beim Garen höher sowie die Kollagenzusammensetzung nicht optimal.

Die Qualität der Produkte steht also echt an erster Stelle. Durch Veränderung der Textur der Produkte bei den sogenannten „Longjobs" (sehr langen Garzeiten) macht man Produkte zwar zart, und es gelingt natürlich auch bei minderwertigen Produkten dank sous-vide den perfekten Gargrad zu erreichen, aber nur wenn das Produkt und dessen Qualität stimmt, wird das Gericht auch für ein einen kulinarischen Genuss sorgen.

Die Vorstellung, man würde durch die Sous-vide-Methode ein schlechtes Produkt zu einem Sterne-Gericht machen, ist schlichtweg falsch.

Und: Nur wer auf Qualität bei der Auswahl der Produkte achtet, kann auch Tierwohl, artgerechte Haltung und Nachhaltigkeit gewährleisten. Beim Sous-vide-Garen gilt, der Geschmack wird verstärkt, positiv, aber auch negativ.

AROMATISIEREN UND MARINIEREN **UNTER VAKUUM**

- **Kommt vor oder nach dem Kochen zum Tragen**
- **Aromaverbindungen bleiben im Beutel**
- **Durch Unterdruck öffnen sich die Poren und die Marinade zieht in deutlich kürzerer Zeit in Fisch oder Fleisch ein**
- **Durch die Zugabe von Gewürzen, Kräutern und Marinaden kann der Geschmack des Garguts beeinflusst werden. Würzt mit Bedacht, denn die Aromen von Gewürzen und Kräutern werden durch das Vakuum verstärkt. Sie ziehen viel schneller ein, der Geschmack wird intensiver. So kann es leicht zur Überwürzung kommen. Habt ihr die Marinaden bisher über Nacht ins Fleisch einziehen lassen? Das ist durch das Vakuumieren nicht mehr nötig. Jetzt reichen nur wenige Stunden, um das gleiche Ergebnis zu erhalten.**
- **Ich empfehle Salz und Pfeffer erst nach dem Garen zu verwenden. Zwiebeln und Knoblauch, wenn überhaupt, als Granulat hinzugeben. Bitte keine frischen Zwiebeln oder Knoblauch verwenden. Der Geschmack ist zu intensiv bzw. bitter.**
- **Gemüse, wie zum Beispiel Möhren, getrennt vom Fleisch garen. Die meisten Gemüsearten benötigen eine höhere Gartemperatur (ca. 85 Grad) als Fleisch. Gemüse sollte daher getrennt vom Fleisch zubereitet werden.**

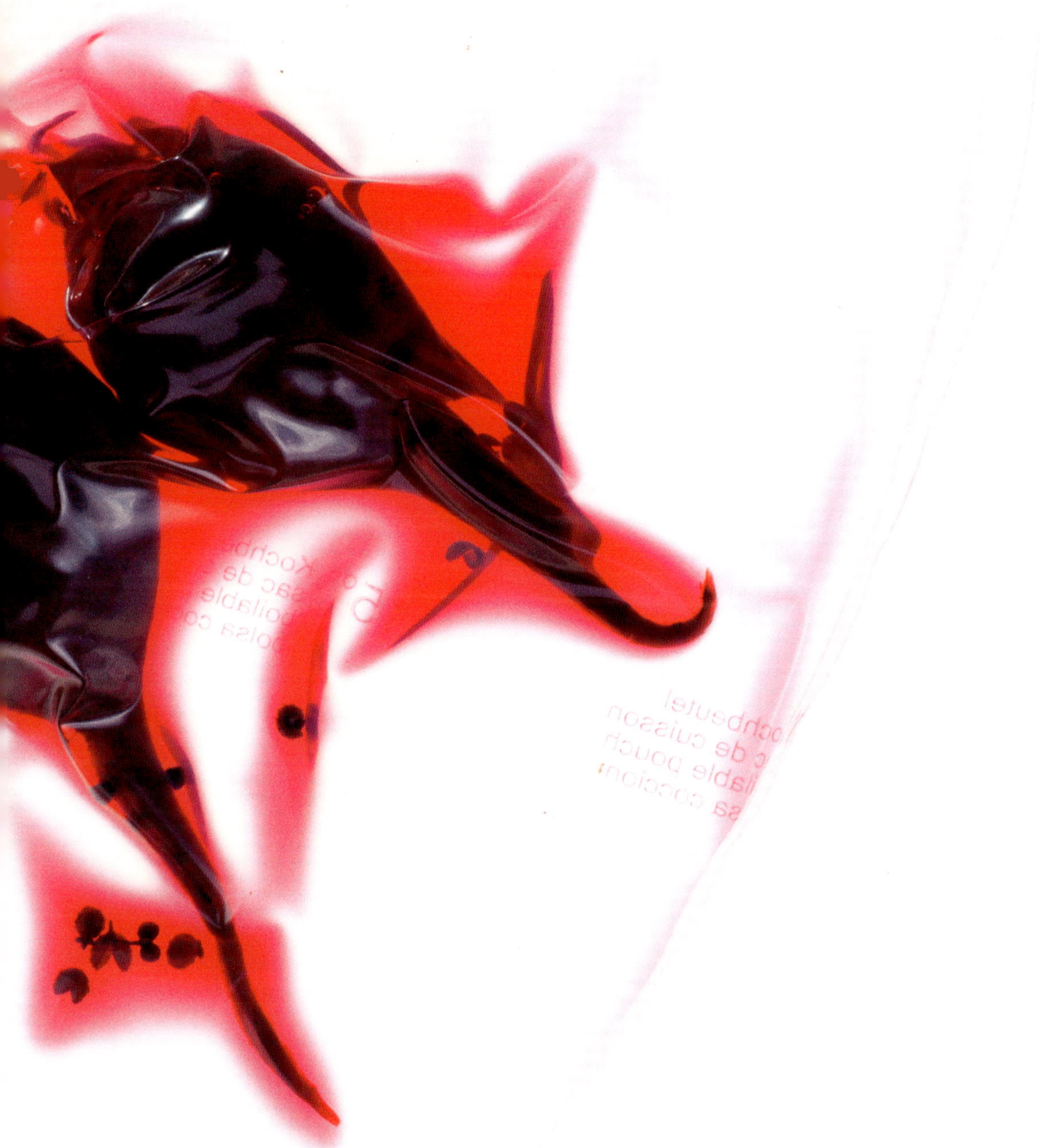

03

GEMÜSE
SOUS-VIDE

GEMÜSE SOUS-VIDE

Pflanzliche Lebensmittel haben eine deutlich höhere Gartemperatur als tierische Produkte. Das liegt daran, dass ihre Zellwände deutlich härter sind. Denn um Pflanzenzellen liegt noch eine Membran aus widerspenstiger Cellulose, Pektin und noch vieles mehr. Um dieses Gebilde aufzubrechen, braucht es höhere Temperaturen als beim Protein in tierischen Zellen.

Tierische und pflanzliche Lebensmittel verhalten sich beim Garen ohnehin komplett unterschiedlich, was ihr ganz simpel daran merkt, dass Möhren weich werden und Fleisch fest.

Trotzdem eignet sich Sous-vide-Garen auch für pflanzliche Produkte ganz hervorragend. Zellstrukturen bleiben erhalten, was sich toll auf die Bissfestigkeit auswirkt. Außerdem bleiben Farbe und Aromen natürlicher, dank der Abwesenheit von Wasser und Luft.

AROMA-
TABELLE

	Olivenöl	Butter	Salz	Chili	Petersilie	Thymian	Rosmarin	Ingwer	Knoblauch	Sternanis	Vanille	Zucker	Honig
Artischocken	●		●		●								
Blumenkohl		●	●										
Kartoffeln	●	●	●			●	●		●				
Kirschtomaten	●		●	●		●	●		●				
Kürbis	●	●	●	●			●	●	●			●	●
Mais		●	●									●	
Möhren		●	●		●			●		●	●	●	●
Rote Bete	●		●		●								●
Spargel		●	●									●	
Süßkartoffeln	●		●			●	●						

TEMPERATUREN UND GARZEITEN

LEBENSMITTEL	TEMPERATUR	GARZEIT
Artischocken	85 °C	25-45 Minuten
Blumenkohl	85 °C	50-60 Minuten
Kartoffeln	87 °C	1 Stunde
Kirschtomaten	75 °C	40 Minuten
Kürbis	85 °C	40 Minuten
Möhren	85 °C	1 Stunde
Mais	85 °C	1 Stunde
Mini-Mais	85 °C	30-35 Minuten
Rote Bete	85 °C	2 Stunden
Spargel	88 °C	20-30 Minuten
Süßkartoffeln	88 °C	50 Minuten

ROTE BETE
TATAR

4 PORTIONEN

Pro Portion ca. 257 kcal/1076 kJ
4 g E • 20 g F • 16 g KH

SOUS-VIDE ODER ZIP-LOCK-METHODE

85 °C

2 STUNDEN

ROTE BETE

ZUTATEN

4 Rote Bete

1 Zweig Thymian

1 Prise Murray River Salt

Olivenöl (z. B. Band of Chefs)

Die Rote Bete schälen (am besten mit Handschuhen) und in 2 cm große Würfel schneiden. Das Wasserbad auf 85 °C vorheizen. Die Rote Bete mit dem Thymianzweig, dem Salz und einem Schluck Olivenöl in einen Vakuumierbeutel geben und diesen vakuumieren oder in einen Zip-Lock-Beutel geben und mithilfe der Wasserverdrängungsmethode (s. S. 16) schließen.

Die Rote Bete für 2 Stunden im Wasserbad garen.

Für eine spätere Verwendung sofort in Eiswasser abkühlen und im Kühlschrank aufbewahren.

SCHMECKT ZU Kabeljau → S. 105

FEINES TATAR

ZUTATEN

1 kleine rote Zwiebel

3 El Traubenkern- oder Olivenöl

2 El Sherryessig

1 El Agavendicksaft

Salz

Pfeffer

30 g Haselnusskerne

Die Rote Bete und die Zwiebel in sehr feine Würfel schneiden. Öl, Essig und Agavendicksaft gut vermengen, mit Salz und Pfeffer abschmecken. Rote Bete und Zwiebeln zur Vinaigrette geben, gut vermengen und mindestens 20 Minuten ziehen lassen. Die Bete mithilfe eines Dessert- oder Anrichteringes (ca. 7 cm Ø) anrichten. Selbstverständlich schmeckt das Tatar beim Anrichten mit einem Esslöffel ebenso gut. Die Haselnusskerne hacken, in einer Pfanne ohne Fett trocken rösten und über das Tatar streuen.

DAZU PASST Onsen-Ei → S. 42 | Sauce Béarnaise → S. 152

TIPP
Mini-Rote-Bete im Ganzen bei 90 °C 1 Stunde garen – ein Traum.

MEHR WISSEN *Weißen Spargel so zubereiten: komplett schälen, holzige Enden entfernen. Nebeneinander mit Butter, Limetten-abrieb, 1 Prise Zucker und 1 Prise Salz vakuumieren. Bei 88 °C je nach Dicke zwischen 25 und 30 Minuten garen.*

2 PORTIONEN

Pro Portion ca. 845 kcal/3537 kJ
24 g E • 74 g F • 13 g KH

GRÜNER SPARGEL **PARMESANSCHAUM**

SOUS-VIDE
88 °C
22 MINUTEN

ZUTATEN

1 Bund grüner Spargel
1 Butterflocke
Salz
Zucker

GRÜNER SPARGEL

Beim Spargel die holzigen Enden abschneiden und die Stangen nebeneinander in einen Vakuumierbeutel geben. Butterflocke, Salz und Zucker dazugeben und vakuumieren. Das Wasserbad auf 88 °C vorheizen und den Spargel darin 22 Minuten garen.

DAZU PASST Café-de-Paris-Butter → S. 153 | Serranoschinken

SCHMECKT ZU Rumpsteaks → S. 63 | Roastbeef → S. 60 | Kartoffeln → S. 37

ZUTATEN

3 Schalotten
100 g kleine weiße Champignons
1 El Butter
100 ml Weißwein
200 ml Geflügelfond
150 ml Sahne
80 g sehr kalte Butter
1 Prise Salz
1 Prise gemahlener Pfeffer
50 g Parmesan
Saft von 1/2 Limette

PARMESANSCHAUM

Die Schalotten in ganz feine Würfelchen schneiden. Champignons putzen und fein schneiden. 1 El Butter in einem Topf erhitzen. Schalotten und Champignons darin hell andünsten, mit dem Wein ablöschen und diesen nahezu einkochen lassen. Dann den Geflügelfond angießen und um die Hälfte einkochen. Sahne zugeben, die restliche kalte Butter flöckchenweise untermixen und mit Salz und Pfeffer würzen.

Parmesan fein reiben, zur Sauce geben und mit einem Stabmixer untermischen. Mit etwas Limettensaft abschmecken und mit dem Stabmixer aufschäumen.

4 PORTIONEN

Pro Portion ca. 273 kcal/1145 kJ
6 g E • 21 g F • 16 g KH

MINI-MAIS
CHIPOTLE-MAYO

SOUS-VIDE
85 °C
30 MINUTEN

ZUTATEN
400 g Mini-Maiskolben
2 El Butter
Meersalz
Zucker

MINI-MAIS

Mini-Mais unter fließendem Wasser abspülen und nebeneinander in einen Vakuumierbeutel geben. Butter, Salz und Zucker dazugeben und vakuumieren. Das Wasserbad auf 85 °C vorheizen und den Mais darin 30 Minuten garen.

SCHMECKT ZU Flanksteak → S. 64 | Chicken Wings → S. 47

ZUTATEN
1/2 Bund Koriander
60 ml Mayonnaise
1/2 Tl Chipotle-Chilipulver
1/2 Tl fein gehackte Limettenzeste
1/4 Feta oder Cotija-Käse
Limettenviertel zum Anrichten

CHIPOTLE-MAYONNAISE

Die Korianderblätter von den Stängeln streifen und grob hacken. Die Mayonnaise mit dem Chilipulver und den Limettenzesten verrühren. Den Käse auf eine Platte bröseln. Den Mais aus den Beuteln nehmen, dünn mit der Mayomischung bestreichen und im Käse wenden. Mit dem gehackten Koriander garnieren und mit einer Prise Salz abschmecken. Mit den Limettenvierteln servieren.

MEHR WISSEN *Für große Maiskolben das Wasserbad auf 85 °C vorheizen, den Mais vakuumieren und für 1 Stunde ins Wasserbad geben. Danach eine Fingerdruckprobe machen, sollte der Mais noch nicht wie gewünscht weich sein, noch ein bisschen länger im Wasserbad lassen.*

MEHR WISSEN *Möhren schreien geradezu danach, sie auch mit anderen Gewürzen zuzubereiten. Probiert doch mal die Kombi Ingwer mit Fenchel oder Zitronengras oder Vanille und Honig. Immer schön mit einem Butterflöckchen und etwas Salz.*

SOUS-VIDE
84 °C
1 STUNDE
+ anbraten

GLACIERTE MÖHREN

3-4 PORTIONEN

ZUTATEN

450 g Baby-Möhren
30 g kalte Butter
Murray River Salt
1 El Zucker
2 El Pinienkerne
1 El fein gehackte Petersilie
Pfeffer

Pro Portion ca. 132 kcal/551 kJ
2 g E • 9 g F • 11 g KH

Die Möhren schälen und nebeneinander in einen Vakuumierbeutel geben. Butter, Salz und Zucker dazugeben und vakuumieren. Das Wasserbad auf 84 °C vorheizen und die Möhren darin 1 Stunde garen.

Eine gusseiserne Pfanne erhitzen und den gesamten Inhalt des Beutels hineingeben. Die Flüssigkeit etwas reduzieren, die Möhren dabei immer in der Pfanne schwenken. Nach ca. 2 Minuten haben die Möhren einen schönen Glanz.

Währenddessen die Pinienkerne in einer Pfanne ohne Fett trocken rösten und grob hacken. Die Möhren mit Salz und Pfeffer abschmecken und mit der Petersilie und den Pinienkernen garnieren.

DAZU PASST Kartoffeln pur oder Püree → S. 37

SCHMECKT OHNE PINIENKERNE ZU
Schweinefilet → S. 86 | Hähnchenschenkel → S. 44

SOUS-VIDE ODER ZIP-LOCK-METHODE

87 °C

1 STUNDE BZW. 40 MINUTEN

KARTOFFELN **DREIMAL**

3-4 PORTIONEN

ZUTATEN

450 g kleine Kartoffeln (z. B. Drillinge)

2 El Butter

1 El Olivenöl (z. B. Band of Chefs)

1 Tl gehackter frischer Rosmarin

1 Tl gehackter frischer Thymian

2 Tl Murray River Salt

1 Tl Sieben (Pfeffermischung von Ingo Holland, alternativ schwarzen, weißen, langen und grünen sowie Szechuanpfeffer und Chili mischen)

Butter zum Schwenken

Pro Portion ca. 141 kcal/593 kJ
2 g E • 7 g F • 18 g KH

KARTOFFELN PUR

Für das Kartoffelpüree und als pure Beilage die Kartoffeln halbieren, für die Bratkartoffeln und den Kartoffelsalat in Scheiben schneiden. Die Kartoffeln nebeneinander in einen Vakuumier- oder Zip-Lock-Beutel geben. Die restlichen Zutaten dazugeben und den Beutel vakuumieren oder mithilfe der Wasserverdrängungsmethode (s. S. 16) schließen. Das Wasserbad auf 87 °C vorheizen. Die halbierten Kartoffeln 1 Stunde, die Kartoffelscheiben 40 Minuten im Wasserbad garen. Butter in einer Pfanne zerlassen, die Drillinge aus dem Beutel nehmen und kurz in der Butter schwenken.

SCHMECKT ZU Schweinefilet → S. 86 | Roastbeef → S. 60

3-4 PORTIONEN

ZUTATEN

50 ml Milch

1 Prise Muskatnuss

Pro Portion ca. 149 kcal/627 kJ
3 g E • 7 g F • 18 g KH

KARTOFFELPÜREE

Die Milch erhitzen. Die gegarten Kartoffeln direkt aus dem Beutel in eine Schüssel geben, zerstampfen oder zerdrücken, die erwärmte Milch angießen und gut vermengen. Mit Muskatnuss abschmecken.

SCHMECKT ZU Kabeljau → S. 105

3-4 PORTIONEN

ZUTATEN

3 El Olivenöl oder Butterschmalz

Pro Portion ca. 208 kcal/871 kJ
2 g E • 14 g F • 18 g KH

BRATKARTOFFELN

Die Kartoffelscheiben aus dem Beutel nehmen und in Olivenöl oder Butterschmalz schön knusprig braten.

SCHMECKT ZU Roastbeef → S. 60 | Rumpsteak → S. 63

04

GEFLÜGEL **SOUS-VIDE**

GEFLÜGEL SOUS-VIDE

Zwischen 54 und 72 °C werden Geflügel und Geflügelteile gegart. Bei herkömmlichen Garmethoden wird gerade Geflügelbrust oft trocken. Unter Vakuum gegart, wird Geflügelfleisch immer saftig, sogar sehnenreiche Stücke und Keulen werden saftig und zart. Der Eigengeschmack bleibt komplett erhalten. Fleisch an schwierigen Stellen wie direkt am Knochen gart ebenfalls super.

TEMPERATUREN UND GARZEITEN

LEBENSMITTEL	TEMPERATUR	GARZEIT
Chicken Wings	62 °C	1 1/2 Stunden
Entenbrust	58 °C	1 1/2 Stunden
Entenbrust	62 °C	35 Minuten
Gänsekeule	78 °C	6-8 Stunden
Hähnchenschenkel	65 °C	3 Stunden
Hühnerbrust	65 °C	1 1/2 Stunden
Perlhuhnbrust	56 °C	50 Minuten
Truthahnschenkel	74 °C	7 Stunden
Wildentenbrust	56 °C	2 1/2 Stunden

AROMA- TABELLE

	Olivenöl	Salz	Pfeffer	Paprikapulver	Rosmarin	Estragon	Thymian	Salbei	Lorbeer	Knoblauch	Limette	Zucker
Chicken Wings	•	•	•	•								•
Entenbrust		•	•		•	•	•	•				
Gänsekeule		•	•		•	•	•	•	•			
Hähnchenschenkel	•	•	•		•			•				
Hühnerbrust	•	•	•		•					•	•	
Perlhuhn	•				•							
Truthahnschenkel	•	•	•		•	•	•			•	•	
Wildentenbrust		•	•		•	•	•	•				

MEHR WISSEN *Mit der Sous-vide-Methode könnt ihr DAS perfekte Ei kreieren: Während das Eigelb schon bei 60 °C anfängt zu stocken, braucht das Eiweiß etwa 74 °C. Ganz nach euren Vorlieben könnt ihr also mit den Temperaturen und Garzeiten spielen, um DAS Ei zu bekommen.*

SOUS-VIDE
64,5 °C
45-60 MINUTEN

ONSEN-EI

8 PORTIONEN

ZUTATEN

8 sehr frische Eier
8 Scheiben Bacon

Pro Portion ca. 174 kcal/729 kJ
8 g E • 15 g F • 1 g KH

Wasserbad auf 64,5 °C vorheizen. Eier mit Schale vorsichtig ins Wasserbad geben und darin 45-60 Minuten garen. Bei 45 Minuten ist das Eigelb im Kern noch flüssig, bei 60 Minuten recht fest.

Den Bacon knusprig ausbraten. Die Eier herausnehmen, vorsichtig aufschlagen und nach Wunsch das Eigelb vom Eiweiß getrennt servieren.

DAZU PASST

+ Erbsenpüree → S. 141

TIPP
Onsen-Tamago oder Onsen-Eier sind Eier, die in Japans heißen Quellen, sogenannten Onsen, gegart werden.

MEHR WISSEN *Für die dicken Hähnchenschenkel ist das Sous-vide-Garen der Knaller. Selbst direkt am Knochen, der üblichen Schwachstelle, ist das Fleisch perfekt gar. Und dabei bleiben die Schenkel absolut saftig.*

SOUS-VIDE
65 °C
3 STUNDEN
+ in der Pfanne anbraten

HÄHNCHEN-SCHENKEL

4 PORTIONEN

ZUTATEN

4 Hähnchenschenkel
2 Tl edelsüßes Paprikapulver
2 Tl Murray River Salt
1/2 Tl gemahlener Pfeffer
5 El Öl
ggf. Öl zum Anbraten

Pro Portion ca. 360 kcal/1504 kJ
30 g E • 27 g F • 0 g KH

Die Hähnchenschenkel trocken tupfen. Gewürze und Öl zu einer Paste mischen und die Hähnchenschenkel damit einreiben.

Das Wasserbad auf 65 °C vorheizen. Jeweils 2 Hähnchenschenkel zusammen in einen Vakuumierbeutel geben und vakuumieren. Im Wasserbad 3 Stunden garen. Die Beutel aus dem Wasser nehmen, öffnen und die Schenkel etwas abtupfen. In einer Pfanne mit etwas Öl von beiden Seiten scharf anbraten.

DAZU PASST

+ Kräuterreis → S. 133 oder Brot
+ Braune Sauce → S. 148 oder Nussbutter (gebräunte Butter)

TIPP
Grillzeit?
Die Schenkel einfach
rundum knusprig grillen.

MEHR WISSEN *Aus Fast Food wird Slow Food – aber es lohnt sich, denn die Chicken Wings werden unglaublich lecker. Außerdem sind sie gut vorzubereiten: Nach dem Garen einfach noch im Beutel in einem Eiswasserbad schnell abkühlen und im Kühlschrank bis zu 4 Tage aufbewahren. Dann nur noch schnell in Öl knusprig frittieren. Also doch Fast Food!*

ZIP-LOCK-METHODE
62 °C
1 1/2 STUNDEN
+ frittieren

SPICY CHICKEN WINGS

4 PORTIONEN

ZUTATEN

2 Tl Salz
1/2 Tl Zucker
1 Tl Knoblauchgranulat
1 Tl gemahlenes Piment d'Espelette
1 kg Hähnchenflügel
100 g Mehl
1 l Öl
Chilisauce (z. B. Flying Goose) zum Servieren

Pro Portion ca. 804 kcal/3370 kJ
44 g E • 60 g F • 23 g KH

Salz, Zucker, Knoblauch und Piment mischen, die Chicken Wings damit würzen. Die Hähnchenflügel nebeneinander in einen Zip-Lock-Beutel geben und mithilfe der Wasserverdrängungsmethode (s. S. 16) verschließen.

Das Wasserbad auf 62 °C vorheizen und die Beutel hineingeben. Chicken Wings 1 1/2 Stunden garen.

Den Beutel aus dem Wasser nehmen, öffnen und die Chicken Wings in einer Schüssel mit Mehl wenden. In einem Topf oder einer Fritteuse das Öl auf 180 °C erhitzen und die Chicken Wings darin goldbraun frittieren. Mit Chilisauce servieren.

DAZU PASST

+ Mini-Mais → S. 32

MEHR WISSEN *Hühnerbrust wird bei konventionellen Garmethoden gern mal trocken, die Sous-vide-Methode tut ihr daher besonders gut. So zart und saftig habt ihr Hühnerbrust noch nie erlebt!*

SOUS-VIDE
65 °C
11/2 STUNDEN
+ in der Pfanne anbraten

HÜHNERBRUST

4 PORTIONEN

ZUTATEN

250 ml Wasser
3 El Salz
1 El Zucker
4 Hühnerbrustfilets
2 Rosmarinzweige
Salz
Pfeffer
1 Tl Knoblauchgranulat
1 unbehandelte Limette
1 Tl Olivenöl (z. B. Sin Oil von Efthimos)

Pro Portion ca. 171 kcal/713 kJ
35 g E • 2 g F • 1 g KH

Wasser, Salz und Zucker in eine Schüssel geben. Mit einem Schneebesen rühren, bis sich Salz und Zucker aufgelöst haben. Nun die Hühnerbrüste hinzufügen, in den Kühlschrank stellen und mindestens 1 Stunde ziehen lassen.

Die Hühnerbrüste aus der Lake nehmen und mit einem Küchenpapier trocken tupfen. Rosmarin von den Zweigen streifen und hacken. Die Hühnerbrustfilets mit Salz, Pfeffer, Rosmarin und Knoblauchgranulat würzen. Die Limette in dünne Scheiben schneiden und je 1 auf jede Hühnerbrust legen.

Die gewürzten Hühnerbrüste mit den Limetten in einen Vakuumierbeutel geben und vakuumieren. Das Wasserbad auf 65 °C vorheizen. Hühnchen hineingeben und 1,5 Stunden garen.

Anschließend aus dem Beutel nehmen, etwas trocken tupfen, Limettenscheiben beiseitelegen. Die Hühnerbrüste in einer Pfanne mit etwas Öl von beiden Seiten scharf anbraten. Die Limettenscheiben ebenfalls kurz anbraten.

Die Hühnerbrüste mit den Limetten anrichten.

DAZU PASST

+ Knoblauchbrot → S. 133

TIPP

Grillzeit?
Die Hühnerbrust einfach
rundum knusprig grillen.

MEHR WISSEN *Die Keulen werden unglaublich zart und lassen sich top vorbereiten. Nach dem Garen einfach noch in den Beuteln in einem Eiswasserbad schnell abkühlen und im Kühlschrank bis zu 4 Tage aufbewahren. So könnt ihr in aller Ruhe die anderen Komponenten des Gerichts vorbereiten. Dann die Gänsekeulen aus den Beuteln nehmen und im Backofen aufknuspern.*

SOUS-VIDE
78 °C
8 STUNDEN
+ die Haut im Ofen knusprig braten

GÄNSE-KEULE

4 PORTIONEN

ZUTATEN

4 Gänsekeulen
Salz
Pfeffer
Lorbeerblatt

Pro Portion ca. 545 kcal/2280 kJ
36 g E • 45 g F • 0 g KH

Die Gänsekeulen trocken tupfen, mit Salz und Pfeffer würzen. Gänsekeulen einzeln mit jeweils einem Lorbeerblatt in einen Vakuumierbeutel geben und vakuumieren. Das Wasserbad auf 78 °C vorheizen und Keulen darin 8 Stunden garen.

Anschließend aus dem Beuteln nehmen und die Gänsekeulen trocken tupfen. Den Ofen auf 200–250 °C Oberhitze bzw. Grillfunktion vorheizen. Die Haut der Gänsekeulen im Ofen aufknuspern lassen.

DAZU PASST

+ Rotkohl → S. 142
+ Braune Sauce → S. 148
+ Serviettenknödel → S. 133

SOUS-VIDE
56 °C
2 1/2 STUNDEN
+ in der Pfanne anbraten

WILDENTEN-BRUST

4 PORTIONEN

ZUTATEN

4 Wildentenbrustfilets
Salz
Pfeffer

Pro Portion ca. 410 kcal/1716 kJ
35 g E • 30 g F • 0 g KH

Die Entenbrüste auf der Hautseite mit einem scharfen Messer rautenförmig anschneiden, dabei darauf achten, nicht in das Fleisch zu schneiden. Wasserbad auf 56 °C vorheizen.

Je 2 Entenbrüste in einen Vakuumierbeutel geben und vakuumieren. Im Wasserbad 2 1/2 Stunden garen.

Anschließend aus den Beuteln nehmen, trocken tupfen und in einer Pfanne ohne Fett auf der Hautseite ca. 2 Minuten anbraten, bis die Haut schön knusprig ist. Salzen und pfeffern.

DAZU PASST

+ Orangensauce → S. 149

05

RIND UND KALB
SOUS-VIDE

RIND UND KALB

Fleisch hat eine komplexe Proteinzusammensetzung. Die Kombination von Muskelprotein und Bindegewebe gibt es in den unterschiedlichsten Zusammensetzungen, die je nach Rasse oder Körperteil variieren. Diese Unterschiede sind essenziell für die Wahl der Temperatur und der Garzeit. Je kollagenreicher ein Fleischstück, desto höher die Temperatur, bei der es gegart wird, und desto länger die Garzeit.

Neben der Zusammensetzung des Fleisches ist auch die Dicke entscheidend für die Garzeit.

TEMPERATUR

Rindfleisch kann in einem Temperaturbereich von 50–75 °C gegart werden. Bei niedrigeren Temperaturen wird quasi bindegewebsfreies Fleisch gegart, wie Tafelspitz, Filet oder Roastbeef und Steak. Die hohen Temperaturbereiche machen nur Sinn, wenn das Fleisch einen hohen Bindegewebsanteil hat, wie bei Haxen oder Bäckchen.

In den Rezepten habe ich konkrete Garzeiten angegeben, wenn ihr ein bisschen geübter seid, solltet ihr die Garzeiten unbedingt an die Dicke des Fleischstücks anpassen. Roastbeef und Steaks werden pro cm Dicke 45 Minuten gegart, Filet nur 40 Minuten.

AROMATISIEREN

Beim Aromatisieren im Beutel seid vorsichtig, der Geschmack kann durch das Vakuumieren schnell sehr intensiv werden. Lieber hinterher nachwürzen. Gebt etwas Olivenöl, Butter oder Butterschmalz dazu und ggf. etwas Meersalz in den Beutel (schaut direkt im Rezept, ob ich vorher salze oder nicht). Darüber hinaus könnt ihr noch mit Rosmarin, Thymian oder Salbei aromatisieren.

TEMPERATUREN UND GARZEITEN

LEBENSMITTEL	GARGRAD	TEMPERATUR	GARZEIT
Roastbeef	medium	54 °C	pro cm 45 Minuten
Flanksteak	medium	56 °C	12 Stunden
Rib Eye Steak	medium	55 °C	pro cm 45 Minuten
T-Bone Steak	medium	55 °C	pro cm 45 Minuten
Porterhouse	medium	55 °C	pro cm 45 Minuten
Tafelspitz	medium	55 °C	24 Stunden
Rinderbrust (Brisket)	à point	65 °C	72 Stunden
Filet als Medaillon	medium rare	53 °C	pro cm 40 Minuten
	medium	55 °C	pro cm 40 Minuten
	medium well	58 °C	pro cm 40 Minuten
Filet im Ganzen	medium	54 °C	2-2 1/2 Stunden
Hamburger (2,5 cm dick)	medium	54 °C	40 Minuten
Hanging Tender (Onglet)	medium rare	55 °C	1 Stunde

SIMPEL
Statt zu räuchern ersetzt die Hälfte des Meersalzes durch Rauchsalz.

MEHR WISSEN *Achtung: Wenn ihr das Brisket vor dem Garen räuchert, entweichen die Mini-Räucherpartikel tatsächlich durch den Beutel. Dadurch trübt sich das Wasser und ihr nehmt den Räuchergeruch deutlich wahr. Keine Bange, der Beutel ist nicht undicht, das Phänomen ist normal.*

- VAKUUMIERT MARINIEREN
- RÄUCHERN
- SOUS-VIDE
- **65 °C**
- 72 STUNDEN
- \+ grillen

TEXAS STYLE BRISKET

6-8 PORTIONEN

ZUTATEN

3 El grob gemahlener schwarzer Pfeffer
2 El Meersalz
1 El brauner Zucker
1 El Zwiebelgranulat
1 Tl Senfpulver
1 Tl Chipotle-Chili-Pulver
1 Rinderbrust (amerikanischer Zuschnitt, mindestens 3 kg)
BBQ-Sauce nach Wahl
Räucherchips (Mesquite oder Hickory)

Pro Portion ca. 1159 kcal/4844 kJ
74 g E • 93 g F • 8 g KH

Alle Gewürzzutaten gut vermengen. Von der Rinderbrust die dicken Fettschichten entfernen, mit der Gewürzmischung rundherum einreiben, in einen Vakuumierbeutel geben und vakuumieren. Über Nacht im Kühlschrank marinieren.

Am nächsten Tag den Grill für indirektes Grillen vorbereiten und die Temperatur auf 80–100 °C einstellen. Die Räucherchips auf die Kohle geben, die Rinderbrust aus dem Beutel nehmen und ca. 2–3 Stunden räuchern.

Das Wasserbad auf 65 °C vorheizen. Das Brisket erneut in einen Vakuumierbeutel geben und vakuumieren, ins Wasserbad geben und 72 Stunden garen.

Anschließend aus dem Beutel nehmen und trocken tupfen. Den Grill auf hohe indirekte Hitze vorbereiten und das Brisket 30 Minuten direkt grillen, bis sich eine Kruste bildet. Dann mit BBQ-Sauce bestreichen und weitere 30 Minuten indirekt grillen. Vorsicht: zu zuckerhaltige BBQ-Sauce kann verbrennen.

DAZU PASST

+ Maiscreme → S. 140
+ Bone Sucking Sauce → S. 149

MEHR WISSEN *Roastbeef ohne Stress! Lassen die Gäste auf sich warten? Egal, bleibt's eben 5 Stunden im Wasser. Reste eignen sich übrigens hervorragend als Aufschnitt oder zum Salat serviert.*

SOUS-VIDE
54 °C
4 STUNDEN
+ in der Pfanne anbraten

ROAST-BEEF

8 PORTIONEN

ZUTATEN

1 1/2 kg Roastbeef
Olivenöl (z. B. Band of Chefs)
4 El Kaffee-Kakao-Rub (z. B. Coffee Cannonball von Ankerkraut)

Pro Portion ca. 277 kcal/1163 kJ
44 g E • 10 g F • 1 g KH

Das Roastbeef von der aufliegenden Fettschicht befreien. Die darunterliegende Sehne ebenfalls parieren. Das Ganze kann auf Wunsch auch der Metzger übernehmen.

Das Roastbeef zunächst mit Olivenöl, dann mit dem Rub einreiben und gut einmassieren. Das Roastbeef in einen Vakuumierbeutel geben und vakuumieren.

Das Wasserbad auf 54 °C vorheizen und das Roastbeef darin 4 Stunden garen. Anschließend aus dem Beutel nehmen und trocken tupfen. Das Roastbeef in einer Pfanne in etwas Öl von allen Seiten scharf anbraten.

In Scheiben schneiden und anrichten.

DAZU PASST

+ Kartoffeln pur oder Bratkartoffeln → S. 37
+ Sauce Béarnaise → S. 152

TIPP
Grillzeit?
Das Roastbeef einfach
rundum kurz grillen.

TIPP

Grillzeit?
Das Rumpsteak einfach rundum kurz grillen.

MEHR WISSEN *Eine simple Faustregel für das Garen von Rumpsteak: pro cm Dicke 45 Minuten ins Wasserbad, bei 4 cm Dicke macht das 3 Stunden. Vor dem Garen also nachmessen!*

SOUS-VIDE
55 °C
2–3 STUNDEN
+ in der Pfanne anbraten

RUMP-STEAK

4 PORTIONEN

ZUTATEN

4 Rumpsteak à ca. 300 g
Butterschmalz
Salz
Pfeffer

Pro Portion ca. 642 kcal/2688 kJ
88 g E • 32 g F • 0 g KH

Die Rumpsteaks einzeln in Vakuumierbeutel geben und vakuumieren. Das Wasserbad auf 55 °C vorheizen und die Rumpsteaks darin 2–3 Stunden garen.

Anschließend aus den Beuteln nehmen und trocken tupfen. Die Rumpsteaks in einer sehr heißen gusseisernen Pfanne in Butterschmalz von beiden Seiten jeweils ca. 40 Sekunden anbraten, mit Salz und Pfeffer würzen.

DAZU PASST

+ Grüner Spargel → S. 31
+ Café-de-Paris-Butter → S. 153
+ Bratkartoffeln → S. 37

MEHR WISSEN *Gerade bei Flanksteaks aus Deutschland kann die Sous-vide-Methode helfen. Bedingt durch die Fütterung sind deutsche Flanks meist nicht so marmoriert. Dank der niedrigen Temperatur und in Verbindung mit der Garzeit erhält man hier dennoch ein zartes Ergebnis.*

SOUS-VIDE
56 °C
12 STUNDEN
+ in der Pfanne anbraten

FLANK-STEAK

6-8 PORTIONEN

ZUTATEN

1 Flanksteak (ca. 800-1000 g)
50 ml Olivenöl
Meersalz
ggf. Olivenöl zum Anbraten

Pro Portion ca. 251 kcal/1053 kJ
28 g E • 15 g F • 0 g KH

Das Flanksteak von der aufliegenden Fettschicht befreien. Das darunterliegenden Flanksteak trocken tupfen, zusammen mit Olivenöl und Meersalz in einen Vakuumierbeutel geben und vakuumieren. Das Wasserbad auf 56 °C vorheizen und das Steak darin 12 Stunden garen.

Anschließend aus dem Beutel nehmen, trocken tupfen und in einer Pfanne mit etwas Öl von beiden Seiten scharf anbraten.

DAZU PASST

- Mini-Mais → S. 32
- Maiscreme → S. 140
- Tomaten-Fenchel-Chutney → S. 137

TIPP

Grillzeit?
Das Flanksteak einfach rundum kurz grillen.

MEHR WISSEN *Das Shichimi Togarashi ist eine japanische Gewürzmischung, gibt's im Asialaden. Wer es selbst machen mag: Meistens werden Chili, Mandarinenschale, Sesamsamen, Mohnsamen, Hanfsamen, Nori und Szechuanpfeffer dafür verwendet.*

VAKUUMIERT MARINIEREN
SOUS-VIDE
55 °C
12 STUNDEN
40-60 MINUTEN
+ in der Pfanne anbraten

HANGING TENDER TATAKI

4 PORTIONEN

ZUTATEN

600 g Hanging Tender (Onglet)
2 El Shichimi Togarashi
2 El Erdnussöl

Pro Portion ca. 299 kcal/1256 kJ
30 g E • 20 g F • 1 g KH

Das Fleisch von Sehnen und Silberhaut befreien. Zusammen mit der Gewürzmischung in einen Vakuumierbeutel geben und vakuumieren. Über Nacht marinieren.

Das Wasserbad auf 55 °C vorheizen und das Fleisch darin 40-60 Minuten garen. Anschließend aus dem Beutel nehmen, trocken tupfen und in einer Pfanne mit etwas Öl von beiden Seiten scharf anbraten. Das Fleisch in dünne Scheiben schneiden.

DAZU PASST

+ Sojazwiebeln → S. 136
+ Gurken-Rettich-Salat → S. 136

TIPP
Grillzeit?
Das Fleisch einfach
rundum kurz grillen.

MEHR WISSEN *Beim Filet bitte darauf achten, die Garzeit einzuhalten. Denn wegen seiner feinen Faserstruktur wird es beim Übergaren tranig und bekommt eine unangenehme Konsistenz.*

SOUS-VIDE
54 °C
2 STUNDEN
+ in der Pfanne anbraten

RINDER-FILET

4 PORTIONEN

ZUTATEN

4 Rinderfiletsteaks (à 250 g)
Butterschmalz
1 Knoblauchzehe
1 Thymianzweig
1 Rosmarinzweig

Pro Portion ca. 347 kcal/1457 kJ
53 g E • 15 g F • 0 g KH

Die Filets einzeln in Vakuumierbeutel geben und vakuumieren. Das Wasserbad auf 54 °C vorheizen und die Filets darin 2 Stunden garen.

Anschließend aus den Beuteln nehmen und trocken tupfen. In einer gusseisernen Pfanne das Butterschmalz zerlassen. Den Knoblauch mit dem Handballen etwas andrücken und mit dem Thymian- und dem Rosmarinzweig in die Pfanne geben. Die Filets dazugeben und von beiden Seiten scharf anbraten.

DAZU PASST

+ Speckbohnen → S. 142
+ Sauce Béarnaise → S. 152

MEHR WISSEN *Der Clou an der Sache mit den 36 Stunden garen: Die Kalbsbäckchen haben einen rosa Kern, sind aber dennoch so butterzart, wie man es von dem klassischen Schmorgericht kennt. Ein Traum!*

SOUS-VIDE ODER ZIP-LOCK-METHODE
57 °C
36 STUNDEN
+ in der Pfanne anbraten oder grillen oder Beefer

KALBS-BÄCKCHEN

4 PORTIONEN

ZUTATEN

150 g Möhren
1 Gemüsezwiebel
150 g Lauch
150 g Knollensellerie
250 ml Portwein
1 kg Kalbsbäckchen
1 Lorbeerblatt
2 Rosmarinzweige
1 geh. El Zucker
200 ml Wein
100 ml Kirschsaft
100-200 ml Rinderfond
Speisestärke nach Belieben
Salz
1 Tl Honig
1-2 El Apfelmus

Pro Portion ca. 732 kcal/3065 kJ
48 g E • 39 g F • 24 g KH

Das Gemüse putzen, in mundgerechte Stücke schneiden und danach in der Pfanne scharf anrösten. Den Bratsatz mit einem kleinen Schluck Portwein ablöschen. Die Kalbsbäckchen mit dem Gemüse, den Kräutern und dem Bratsatz in einen Vakuumierbeutel geben und vakuumieren oder in einen Zip-Lock-Beutel geben und mithilfe der Wasserverdrängungsmethode (s. S. 16) verschließen. Das Wasserbad auf 57 °C erhitzen und die Kalbsbäckchen darin 36 Stunden garen.

Alles aus dem Beutel nehmen. Die Bäckchen trocken tupfen und zurück in den Beutel geben. Diesen mit einer Klammer gut verschließen und die Bäckchen bei 55 °C im Wasserbad warm halten.

In einen Topf etwas Zucker schön dunkel karamellisieren und mit dem Portwein ablöschen. Den Portwein komplett einkochen lassen, den Rotwein zugeben und ebenso verfahren. Dann mit dem Kirschsaft, dem Fond aus dem Beutel und dem Rinderfond auffüllen und aufkochen lassen. Das Gemüse zugeben, mit dem Mixstab fein pürieren und passieren. Je nach Konsistenz die Sauce mit etwas Rinderfond verdünnen oder mit Speisestärke binden. Mit Salz, Honig und Apfelmus abschmecken.

Anschließend die Bäckchen in einer Pfanne mit etwas Öl anbraten. In Portionen schneiden und mit dem Jus anrichten.

DAZU PASST

+ Pastinakenpüree → S. 140

TIPP
Das Gericht braucht echt ein bisschen Zeit. Wenn ihr aber noch Lust habt, schmeißt den Grill an, das gefällt dem Bäckchen.

06

WILD
SOUS-VIDE

WILD

Auch beim Wild gibt es keine einfache Temperatur-Zeit-Relation à la „weniger Temperatur – längere Zeit". Ein mageres, quasi kollagenfreies Rehfilet bei 54 °C stundenlang zu garen, führt zu einem breiigen, cremigen und strukturlosen Batzen Fleisch. Bei derselben Temperatur lediglich 1 Stunde gegart wird es perfekt.

Probiert übrigens mal aus, einen Hauch braunen Vollrohrzucker wie Muscovadozucker mit zu vakuumieren. Der Zucker hat eine malzige Note und harmoniert perfekt mit Wildgerichten.

TEMPERATUREN UND GARZEITEN

LEBENSMITTEL	TEMPERATUR	GARZEIT
Rehfilet	54 °C	20 Minuten
Rehkeule	62 °C	35 MInuten
Rehrücken	55 °C	30 Minuten
Hirschrücken	56 °C	35 Minuten
Straußenfilet	57 °C	3 Stunden
Wildschweinrücken	56 °C	40 Minuten
Hasenrücken	56 °C	25 Minuten

AROMA-
TABELLE

	Olivenöl	Butter	Salz	Pfeffer	Wacholder	Thymian	Rosmarin	Knoblauch	Brauner Zucker
Rehfilet	●		●	●	●			●	●
Rehrücken	●		●	●	●	●	●		●
Rehkeule	●		●	●	●				●
Hirschrücken			●	●					
Straußenfilet	●		●	●					
Wildschweinrücken	●	●	●	●				●	●
Hasenrücken	●		●					●	

MEHR WISSEN *Beim Rehrücken bitte exakt auf die Garzeit achten. Aufgrund der feinen Struktur unbedingt ein Übergaren vermeiden, sonst leidet die Konsistenz.*

SOUS-VIDE
55 °C
30 MINUTEN
+ in der Pfanne anbraten oder grillen

REH-RÜCKEN

4 PORTIONEN

ZUTATEN

750 g Rehrücken
1 Butterflocke

Pro Portion ca. 189 kcal/792 kJ
40 g E • 3 g F • 0 g KH

Das Wasserbad auf 55 °C vorheizen. Den Rehrücken und die Butterflocke in einen Vakuumierbeutel geben und vakuumieren. Den Rehrücken im Wasserbad 30 Minuten garen.

Den Rücken aus dem Beutel nehmen, mit einem Küchentuch abtrocknen und in einer Pfanne mit Butterschmalz scharf von allen Seiten anbraten. Rehrücken portionieren.

DAZU PASST

- Birne mit Preiselbeeren → S. 127
- Portweinjus → S. 148
- Serviettenknödel → S. 133 oder Kartoffeln pur → S. 37

MEHR WISSEN *Um den Gargrad an eure persönlichen Vorlieben anzupassen, spielt ein bisschen mit der Temperatur. Nur die Garzeit solltet ihr nicht verändern, zartes Wildfleisch ist da ein bisschen zickig und wird bei Übergarung schnell cremig und matschig.*

SOUS-VIDE
54 °C
20 MINUTEN
+ in der Pfanne anbraten

REH-FILET

6 PORTIONEN

ZUTATEN

1,2 kg Rehfilet
Butterschmalz

Pro Portion ca. 225 kcal/943 kJ
43 g E · 6 g F · 0 g KH

Das Rehfilet in einen Vakuumierbeutel geben und vakuumieren. Das Wasserbad auf 54 °C vorheizen und das Filet darin 20 Minuten garen.

Anschließend aus dem Beutel nehmen, trocken tupfen und in einer gusseisernen Pfanne in Butterschmalz von allen Seiten scharf anbraten.

DAZU PASST

+ Serviettenknödel → S. 133
+ Rotkohl → S. 142

MEHR WISSEN *Der Wildschweinrücken ist superflott gegart. Daher bereitet bei diesem Gericht vorher alle Beilagen zu, angefangen bei der Sauce. Alternativ könnt ihr den Rücken aber auch in einem Eiswasserbad abkühlen und im Kühlschrank aufbewahren. Vor dem Servieren im Wasserbad bei 55 °C etwa 30 Minuten temperieren und dann schön anbraten.*

SOUS-VIDE
55 °C
40 MINUTEN
+ in der Pfanne anbraten

WILDSCHWEIN-RÜCKEN

6 PORTIONEN

ZUTATEN

1,2 kg Wildschweinrücken
Olivenöl
Butterschmalz

Pro Portion ca. 381 kcal/1599 kJ
39 g E • 25 g F • 0 g KH

Den Wildschweinrücken mit Olivenöl einreiben, in einen Vakuumierbeutel geben und vakuumieren. Das Wasserbad auf 55 °C vorheizen und den Rücken darin 40 Minuten garen.

Anschließend aus dem Beutel nehmen, trocken tupfen und in einer gusseisernen Pfanne in Butterschmalz von allen Seiten scharf anbraten.

DAZU PASST

+ Serviettenknödel → S. 133
+ Rotkohl → S. 142
+ Brauner Sauce → S. 148

07

SCHWEIN
SOUS-VIDE

SCHWEIN

Auch beim Schweinefleisch ist die komplexe Proteinzusammensetzung zu berücksichtigen. Die Zusammensetzung der Fleischteile ist ausschlaggebend für die Wahl der Temperatur. Unterschiedliche Kombinationen von Muskelprotein und Bindegewebe gilt es dabei zu berücksichtigen. Wie auch schon beim Rindfleisch erwähnt, ist die Temperatur umso höher und die Garzeit umso länger, je kollagenreicher ein Fleischstück ist.

Neben der Zusammensetzung des Fleisches ist auch die Dicke entscheidend für die Garzeit.

Auch Schweinefleisch kann in einem Temperaturbereich von 50–75 °C gegart werden. Viele werden die Empfehlung im Kopf haben, Schweinefleisch auf jeden Fall durchzugaren. Der Grund dafür ist, dass gegebenenfalls im Fleisch enthaltene Keime abgetötet werden. Wer aber gutes Schweinefleisch von jemandem kauft, dem er oder sie vertrauen kann, braucht Schweinefleisch auch nicht zu garen, bis es grau und furztrocken ist. Denn sous-vide gegart wird es sagenhaft zart und saftig.

In den Rezepten sind konkrete Garzeiten angegeben. Wenn ihr ein bisschen geübter seid, solltet ihr die Dicke des Fleisches in die Garzeit einbeziehen. Pro cm Dicke wird Schweinefleisch 1 Stunde gegart.

AROMA-TABELLE

	Olivenöl	Butter	Salz	Pfeffer	Thymian	Rosmarin	Basilikum	Chili	Zucker	Knoblauch	Zitrone	Sojasauce
Bauch	•				•			•				•
Filet	•		•				•				•	
Kotelett	•	•	•	•	•	•				•		
Spareribs	•		•	•				•	•	•		
Nacken	•		•									
Secreto	•	•	•									

TEMPERATUREN UND GARZEITEN

LEBENSMITTEL	GARGRAD	TEMPERATUR	GARZEIT
Bauch		65 °C	24 Stunden
Filet	medium rare	54 °C	70 Minuten
	rosa	58 °C	70 Minuten
	durch	65 °C	70 Minuten
Kotelett ca. 3,5 cm dick	medium rare	54 °C	140 Minuten
	rosa	58 °C	140 Minuten
	durch	65 °C	140 Minuten
Spareribs		65 °C	24 Stunden
Nacken		58 °C	4 Stunden
Secreto		58 °C	3 Stunden

MEHR WISSEN *Keine Angst vor rosa Schweinefleisch: Bei guter Qualität ist das kein Problem.*

- SOUS-VIDE
- **58 °C**
- 70 MINUTEN
- \+ in der Pfanne anbraten, nach Geschmack

SCHWEINE- FILET

4 PORTIONEN

ZUTATEN

500 g Schweinefilet

Butterschmalz

Olivenöl

gehackte Kräuter nach Wahl (z. B. Petersilie, Basilikum, Thymian oder Rosmarin)

Pro Portion ca. 179 kcal/749 kJ
28 g E • 8 g F • 0 g KH

Das Schweinefilet gegebenenfalls von Silberhäuten und überschüssigem Fett befreien. In einer Pfanne in etwas Butterschmalz von allen Seiten anbraten. Aus der Pfanne nehmen und dünn mit Olivenöl einreiben. Die Kräuter auf einer Platte oder einem Teller ausbreiten und das Schweinefilet darin wenden. Darauf achten, dass die Kräuter das Filet schön umhüllen, dann in einen Vakuumierbeutel geben und vakuumieren.

Das Wasserbad auf 58 °C vorheizen und das Filet darin 70 Minuten garen. Anschließend aus dem Beutel nehmen, trocken tupfen und nach Wunsch erneut in der Pfanne in Butterschmalz von allen Seiten anbraten, dabei darauf achten, dass die Temperatur nicht zu hoch ist, da die Kräuter sonst verbrennen.

DAZU PASST

- Kartoffeln pur → S. 37
- Glacierte Möhren → S. 34

MEHR WISSEN *Hochwertiges Schweinefleisch darf auch rosa serviert werden. Der Nacken wird toll saftig und zart.*

SOUS-VIDE
58 °C
4 STUNDEN
+ in der Pfanne anbraten oder grillen

SCHWEINE-NACKEN

4 PORTIONEN

ZUTATEN

1/4 Thai-Chilischoten
700 g Schweinenacken
40 g Olivenöl
2 Thymianzweige
Meersalz zum Anrichten
grober Dijon-Senf zum Anrichten

Pro Portion ca. 442 kcal/1848 kJ
35 g E • 34 g F • 0 g KH

Die Chili fein hacken. Schweinenacken mit Küchenpapier trocken tupfen, mit den restlichen Zutaten in einen Vakuumierbeutel geben und vakuumieren. Das Wasserbad auf 58 °C vorheizen und den Nacken darin 4 Stunden garen.

Anschließend aus dem Beutel nehmen, trocken tupfen und in einzelne Steaks portionieren. In der Pfanne oder auf dem heißen Grill (mindestens 400 °C) von beiden Seiten anbraten bzw. grillen.

Schweinenacken portionieren und zusammen mit dem groben Senf und etwas Meersalz anrichten.

DAZU PASST

+ Gurken-Rettich-Salat → S. 136
+ Knoblauchbrot → S. 133

MEHR WISSEN *Wenn ihr die Schwarte vor dem Einlegen in die Lake ablöst, könnt ihr das versaute Popcorn von S. 144 damit zubereiten. Die eingelegte Schwarte ist zu voll mit Wasser gesogen, die würde nicht mehr aufknuspern.*

SOUS-VIDE
65 °C
24 STUNDEN
+ im Ofen aufknuspern

SCHWEINE-BAUCH

4 PORTIONEN

ZUTATEN

SCHWEINEBAUCH

2 l Wasser
80 g Salz
120 g Zucker
1 kg Schweinebauch (mit Schwarte, ohne Knochen)

SUPER SAUCE

2–3 El Sojasauce
100 ml Wasser
1 El Honig
Fleischsaft des Schweinebauchs
Salz
Pfeffer

Pro Portion ca. 776 kcal/3251 kJ
33 g E · 58 g F · 32 g KH

Zwei Tage vorher: Wasser, Salz und Zucker in eine Schüssel geben. Mit einem Schneebesen rühren, bis sich Salz und Zucker aufgelöst haben. Den Schweinebauch hineinlegen und 24 Stunden in den Kühlschrank stellen.

Einen Tag vorher: Den Schweinebauch aus der Lake nehmen, trocken tupfen, in einen Vakuumierbeutel geben und vakuumieren. Das Wasserbad auf 65 °C vorheizen und den Bauch darin 24 Stunden garen. Herausnehmen und mit dem Beutel in einem Eiswasserbad abkühlen, anschließend kann der Schweinebauch bis zur Fertigstellung im Kühlschrank gelagert werden.

Am Tag selbst: Den Schweinebauch aus dem Kühlschrank nehmen. Das Wasserbad auf 65 °C vorheizen und den Bauch im Wasserbad 30 Minuten regenerieren.

Anschließend aus dem Beutel nehmen, trocken tupfen und den Garsud aus dem Beutel in einen Topf schütten und erhitzen. Sojasauce, Wasser und Honig zugeben und reduzieren, bis eine dickflüssige Sauce entstanden ist. Gegebenenfalls mit Salz und Pfeffer abschmecken.

Die Schwarte mit einem scharfen Messer ablösen. Den Grill oder Backofen auf mindestens 250 °C vorheizen und den Schweinebauch grillen.

DAZU PASST

+ Versautes Popcorn → S. 144
+ Sojazwiebeln → S. 136

MEHR WISSEN *Sorry, aber das Secreto ist einfach zu fantastisch, um es euch vorzuenthalten. Das Fleischstück versteckt sich zwischen Rückenspeck und Rücken, daher sein Name Secreto – Geheimnis. Ein echter Geheimtipp also! Dank seiner starken Marmorierung ist es perfekt für das Sous-vide-Garen geeignet.*

SOUS-VIDE
58 °C
3 STUNDEN
+ in der Pfanne anbraten

SECRETO

4 PORTIONEN

ZUTATEN

1 kg Secreto vom Landschwein (z. B. Iberico oder Duroc)
Olivenöl (z. B. Band of Chefs)
Murray River Salt
schwarzer Tellicherry-Pfeffer

Pro Portion ca. 384 kcal/1605 kJ
53 g E • 19 g F • 0 g KH

Das Wasserbad auf 58 °C vorheizen. Das Secreto mit ein paar Tropfen Olivenöl einreiben, in einen Vakuumierbeutel geben und vakuumieren. Den Beutel in das Wasserbad geben und 3 Stunden garen.

Anschließend aus dem Beutel nehmen, trocken tupfen und in einer sehr heißen Pfanne mit etwas Olivenöl oder auf dem heißen Grill für 1 Minute von beiden Seiten anrösten. Mit Murray River Salt und dem Tellicherry-Pfeffer würzen.

DAZU PASST

+ Aioli → S. 152
+ Knoblauchbrot ohne Joghurt und ohne Schnittlauch → S. 133

MEHR WISSEN *Nach der Garzeit können die Ribs bei Bedarf noch im Beutel in einem Eiswasserbad abgekühlt werden und so im Kühlschrank für bis zu sieben Tage gelagert werden.*

- VAKUUMIERT MARINIEREN
- 3 STUNDEN
- RÄUCHERN
- SOUS-VIDE
- **65 °C**
- 24 STUNDEN
- \+ grillen

SPARE-RIBS

8 PORTIONEN

ZUTATEN

FÜR DEN MAGIC DUST RUB

60 g edelsüßes Paprikapulver
30 g Meersalz
55 g brauner Zucker
3 Tl Knoblauchgranulat
30 g Chilipulver
30 g gemahlener Kreuzkümmel
30 g Senfpulver
2 Tl gemahlener schwarzen Pfeffer
2 Tl Cayennepfefferpulver

FÜR DIE RIBS

4 Stränge Baby Back Ribs à ca. 500 g
4 El BBQ-Rub Magic Dust
4–8 El BBQ-Sauce nach Wahl (z. B. Bone Sucking Sauce)
Räucherchips (Kirsche)

Pro Portion ca. 555 kcal/2318 kJ
66 g E • 27 g F • 12 g KH

Für den Rub alle Zutaten gut vermischen und in ein luftdicht verschließbares Schraubglas geben.

Die Baby Back Ribs zuerst von der Silberhaut auf der Knochenseite befreien. Dafür einen Teelöffel oder ein Besteckmesser unter die Haut schieben, diese anheben und vom Knochen lösen. Dann mit einem Küchenpapier packen und abziehen.

Die Rippchen nun großzügig mit der Würzmischung einreiben und diese festklopfen. Zum Marinieren fest in Frischhaltefolie einwickeln oder in einen Vakuumierbeutel geben und vakuumieren. Über Nacht im Kühlschrank marinieren.

Am nächsten Tag den Grill für indirekte sehr geringe Hitze vorbereiten. Die Räucherchips auf die Kohlen geben und die Rippchen für 1 Stunde bei geringer Temperatur räuchern. Die Ribs vom Grill nehmen und erneut in einen Vakuumierbeutel geben und vakuumieren. Das Wasserbad auf 65 °C vorheizen, die Ribs hineingeben und 24 Stunden garen.

Zum Fertigstellen den Grill für hohe Hitze vorbereiten, die Rippchen aus den Beuteln nehmen, mit der BBQ-Sauce bestreichen und auf dem Grill von beiden Seiten jeweils ca. 3 Minuten grillen.

DAZU PASST

- Bone Sucking Sauce → S. 149
- frisches Bauernbrot

SIMPEL
Statt zu räuchern ersetzt die Hälfte des Meersalzes durch Rauchsalz.

08

FISCH UND MEERESFRÜCHTE
SOUS-VIDE

FISCH UND MEERESFRÜCHTE

Fisch kann man aufgrund seiner Proteinzusammensetzung schon bei Temperaturen zwischen 40-65 °C garen. Allerdings arbeiten wir hier mit sehr kurzen Garzeiten zwischen 15 und 20 Minuten. Kommt der Fisch bei 40 °C ins Wannenbad, kann von „Garen" eigentlich keine Rede mehr sein. Ein besserer Begriff wäre wohl „Temperierung". Die Methode wird gern bei Lachs oder Lachsforellen angewandt, was dazu führt, dass die Textur verändert sich geringfügig in Richtung gallertartig ändert.

Allerdings führen so niedrige Temperaturen dazu, dass Krankheitserreger sich relativ schnell vermehren könnten. Daher muss der Fisch prinzipiell für den rohen Verzehr geeignet sein, also Sushi-Qualität haben, wenn ihr bei Temperaturen unter 54 °C gart.

Um zu vermeiden, dass das Protein Albumin gerinnt und nicht so ganz wunderschöne helle Stellen auf der Oberfläche des Fischs verursacht, kann man den Fisch in Salzlake einlegen. Dafür 1 l Wasser mit 50 g Salz verrühren und den Fisch für 10 Minuten einlegen. Herausnehmen, abtrocknen und dann wie gehabt vorgehen.

Die meisten Meeresfrüchte werden zwischen 50-60 °C gegart. Sie müssen auf jeden Fall ohne Schale vakuumiert werden, da zum einen die Luft nicht gut entzogen werden kann und zum anderen die Gefahr besteht, dass der Beutel beschädigt wird.

Fisch und Meeresfrüchte lassen sich wunderbar aromatisieren. Probiert doch mal verschiedene Kombinationen aus, Olivenöl passt übrigens immer.

+ gerösteter Knoblauch, Chili
+ Zitronenabrieb, Thymian
+ Rosmarin, Thymian, gerösteter Knoblauch
+ Minze, Limettenabrieb
+ Korianderblätter, Koriandersamen

TEMPERATUREN UND GARZEITEN

LEBENSMITTEL	TEMPERATUR	GARZEIT
Austern (ohne Schale)	48 °C	20 Minuten
Forelle	56 °C	25 Minuten
Garnelen	54 °C	20 Minuten
Hummerschwanz	59 °C	15 Minuten
Jakobsmuscheln	46 °C	25 Minuten
Kabeljau	56 °C	30 Minuten
Lachsfilet	50 °C	30 Minuten
Lachsforelle	46 °C	20 Minuten
Oktopus	80 °C	5 Stunden
Saibling	48 °C	30 Minuten
Seeteufel	52 °C	30 Minuten
Sepiastreifen oder -ringe	60 °C	10 Minuten
Thunfisch	50 °C	25 Minuten
Zander	58 °C	20 Minuten

MEHR WISSEN *Keine Angst mehr vor der Zubereitung von Tintenfisch, denn sous-vide gegart wird er einfach toll, zart und wunderbar!*

SOUS-VIDE
60 °C
2 1/2 STUNDEN
+ in der Pfanne anbraten

MEDITERRANER SEPIA-SALAT

4 PORTIONEN

ZUTATEN

1/2 Bund Schnittlauch
1/2 Bund Koriander
10 getrocknete Tomaten in Öl
1 Bund Frühlingszwiebeln
2 Limetten
Olivenöl (z. B. Band of Chefs)
4 Sepia-Tuben
Salz
Pfeffer
frittierter Knoblauch nach Belieben

Pro Portion ca. 127 kcal/531 kJ
12 g E • 6 g F • 6 g KH

Schnittlauch in feine Ringe schneiden, Koriander von den Stängeln zupfen und grob hacken. Beides in eine Schüssel geben. Tomaten klein schneiden, Frühlingszwiebeln in feine Ringe schneiden und dazugeben. Limetten auspressen und den Saft mit einem guten Schluck Olivenöl dazugeben.

Das Wasserbad auf 60 °C vorheizen. Die Sepia-Tuben in einen Vakuumierbeutel geben, vakuumieren und im Wasserbad 2 1/2 Stunden garen. Anschließend aus dem Beutel nehmen, trocken tupfen und in einer heißen Pfanne mit etwas Olivenöl rundum anbraten.

Die Tuben in feine Ringe schneiden, zum Salat geben und gut durchmischen, mit Salz und Pfeffer abschmecken, den Knoblauch darüberstreuen und sofort servieren.

DAZU PASST

+ Knoblauchbrot → S. 133
+ Ciabatta oder Focaccia

MEHR WISSEN *Wenn ihr ganz genau sein wollt, gart den Lachs bei 49 °C. Denn bei 50 °C fängt das Albumin schon an zu gerinnen und an der Oberfläche des Lachses bilden sich weiße Stellen.*

SOUS-VIDE ODER ZIP-LOCK-METHODE
50 °C
40 MINUTEN
+ in der Pfanne anbraten

LACHS-STEAK

4 PORTIONEN

ZUTATEN

4 Lachssteaks (mit Haut)
Olivenöl (z. B. Band of Chefs)
1 Prise Murray River Salt
1 Prise gemahlener schwarzer Pfeffer
1 Bund Frühlingszwiebeln

Pro Portion ca. 323 kcal/1349 kJ
30 g E • 22 g F • 2 g KH

Wasserbad auf 50 °C vorheizen. Lachssteaks mit Olivenöl einreiben, salzen und pfeffern. In einen Vakuumierbeutel geben und vakuumieren oder in einen Zip-Lock-Beutel geben und mithilfe der Wasserverdrängungsmethode (s. S. 16) verschließen.

Den Lachs im Wasserbad 40 Minuten garen. Frühlingszwiebeln in Ringe schneiden und in Olivenöl andünsten. Den Lachs aus dem Beutel nehmen, trocken tupfen und in einer heißen Pfanne mit Olivenöl auf der Hautseite ca. 30–40 Sekunden braten.

DAZU PASST

+ Blumenkohlpüree → S. 140

MEHR WISSEN *Zart und perfekt im Aroma. Bitte genau die Garzeit beachten, damit der Fisch seine Konsistenz behält.*

SOUS-VIDE
52 °C
25 MINUTEN
+ in der Pfanne anbraten

KABELJAU-FILET

4 PORTIONEN

ZUTATEN

4 Kabeljaufilets mit Haut
1 El Olivenöl
1 unbehandelte Limette
4 Lorbeerblätter

Pro Portion ca. 165 kcal/689 kJ
27 g E • 6 g F • 0 g KH

Die Limette in 5 mm dicke Scheiben schneiden. Den Fisch in einen Vakuumierbeutel geben, mit jeweils 1 Limettenscheibe und 1 Lorbeerblatt belegen. Ein paar Tropfen Olivenöl in den Beutel geben und die Beutel vakuumieren.

Das Wasserbad auf 52 °C vorheizen und den Fisch darin 25 Minuten garen. Anschließend aus dem Beutel nehmen, trocken tupfen und in einer heißen Pfanne mit etwas Öl auf der Hautseite knusprig anbraten.

DAZU PASST

+ Kartoffelpüree → S. 37
+ Rote Bete → S. 28 oder Maiscreme → S. 140

MEHR WISSEN *Die Garnelen können in einer sehr heißen Pfanne ganz, ganz kurz angebraten werden. Aber wirklich nur super kurz, da sie sonst nachgaren und der positive Effekt des Sous-vide-Garens zunichte gemacht wird.*

ZIP-LOCK-METHODE
54 °C
20 MINUTEN
+ in der Pfanne anbraten

GARNELEN MIT OLIVENÖL

4 PORTIONEN

ZUTATEN

24 Black-Tiger-Garnelen (roh)
40 ml Olivenöl (z. B. Band of Chefs)
Abrieb von 1/2 unbehandelten Limette
1 Prise Murray River Salt

Pro Portion ca. 203 kcal/849 kJ
28 g E · 10 g F · 0 g KH

Garnelen vorsichtig schälen, den Rücken aufschneiden und den Darm entfernen. Garnelen, Olivenöl, Limettenabrieb und Salz in einen Zip-Lock-Beutel geben und mithilfe der Wasserverdrängungsmethode (s. S. 16) verschließen.

Das Wasserbad auf 54 °C vorheizen und die Garnelen darin 20 Minuten garen. Anschließend aus dem Beutel nehmen, trocken tupfen.

Nach Geschmack in der Pfanne sehr kurz anbraten.

DAZU PASST

- Pesto Genovese → S. 154
- Spaghetti

MEHR WISSEN *Für eine perfekte Garung die Jakobsmuscheln nur ganz kurz in die heiße Pfanne geben, da sie sonst nachgaren und der positive Effekt des Sous-vide-Garens verloren geht.*

SOUS-VIDE
46 °C
25 MINUTEN

JAKOBS-MUSCHELN

4 PORTIONEN ALS VORSPEISE

ZUTATEN

1/2 Stängel Zitronengras
10 g Ingwer
2 Kaffir-Limettenblätter
10 weiße Pfefferkörner
2 El Erdnussöl
4 ausgelöste Jakobsmuscheln
Murray River Salt

Pro Portion ca. 85 kcal/354 kJ
6 g E • 6 g F • 3 g KH

Zitronengras, Ingwer und Kaffir-Limettenblätter klein hacken und zusammen mit dem Pfeffer im Mörser zu einer feinen Paste verarbeiten. 1 El Erdnussöl hinzufügen und gut vermengen.

Die Muscheln mit der Marinade einreiben, nebeneinander in einen Vakuumierbeutel geben und vakuumieren.

Das Wasserbad auf 46 °C vorheizen und die Muscheln darin 25 Minuten garen, anschließend aus dem Beutel nehmen, trocken tupfen und in einer sehr heißen Pfanne in dem restlichen Öl etwa 30 Sekunden von jeder Seiten anbraten, salzen und direkt servieren.

DAZU PASST

+ Möhren-Espuma → S. 141
+ Koriander-Erdnuss-Pesto → S. 154

MEHR WISSEN *Eine wunderbare Methode um den ansonsten etwas schwierigen Oktous zart und einfach wunderbar zu garen. Ihr werdet ihn nie wieder anders zubereiten wollen.*

SOUS-VIDE ODER ZIP-LOCK-METHODE
80 °C
5 STUNDEN
+ in der Pfanne anbraten

OKTOPUS MIT VINAIGRETTE

4 PORTIONEN

ZUTATEN

OKTOPUS

1 mittelgroßer Oktopus (küchenfertig)

1 Tl Olivenöl

Meersalz

Pfeffer

VINAIGRETTE

1 unbehandelte Limette

1 Prise Meersalz

6 El Olivenöl

8 Kalamata-Oliven (alternativ andere schwarze oder violette Oliven mit Stein)

1 El gehackter frischer Koriander

Pfeffer

Pro Portion ca. 317 kcal/1324 kJ
32 g E • 19 g F • 4 g KH

Das Wasserbad auf 80 °C vorheizen. Den Oktopus mit dem Olivenöl in einen Vakuumierbeutel geben und vakuumieren oder in einen Zip-Lock-Beutel geben und mithilfe der Wasserverdrängungsmethode (s. S. 16) verschließen. Den Oktopus im Wasserbad 5 Stunden garen.

Währenddessen die Vinaigrette zubereiten. Etwas Limettenzeste reiben, Limette auspressen, 3 El des Safts in eine Schüssel geben. Limettenzeste dazugeben, Salz im Saft auflösen. Das Olivenöl mit einem Schneebesen kräftig unterrühren, sodass eine schöne Emulsion entsteht. Die Oliven entsteinen und in Würfel schneiden. Koriander und Oliven zur Vinaigrette geben, vermengen und mit Salz und Pfeffer abschmecken.

Den gegarten Oktopus aus dem Beutel nehmen, abgelöste Haut vorsichtig entfernen und den Oktopus trocken tupfen. Den Oktopus in einer Pfanne von allen Seiten scharf anbraten. Die äußeren Enden sollen knusprig, aber nicht verbrannt sein. In mundgerechte Stücke schneiden und mit der Vinaigrette vermengen.

DAZU PASST

+ Baguette
+ Knoblauchbrot → S. 133 ohne Joghurt und ohne Schnittlauch

MEHR WISSEN *Bei dieser Gartemperatur bitte unbedingt Sushi-Qualität kaufen. Falls ihr keine bekommt, könnt ihr den Fisch in einer 4%igen Salzlake einlegen oder für 24 Stunden bei –18 °C einfrieren.*

SOUS-VIDE
40 °C
15 MINUTEN
+ in der Pfanne anbraten

THUNFISCH-STEAK

4 PORTIONEN ALS VORSPEISE

ZUTATEN

2 Thunfischsteaks (Sushi-Qualität)
30 ml Öl zum Anbraten
Murray River Salt
weißer Periyar-Pfeffer

Pro Portion ca. 402 kcal/1686 kJ
32 g E • 31 g F • 0 g KH

Das Wasserbad auf 40 °C aufheizen, die Thunfischsteaks vakuumieren und in das vorgeheizte Wasserbad geben. Nach 15 Minuten aus dem Wasser und aus den Beuteln nehmen und mit Küchenpapier gut trocknen. Eine Pfanne mit Öl sehr heiß werden lassen und die Thunfischsteaks von beiden Seiten ca. 20 Sekunden anbraten. Mit Salz und Pfeffer würzen.

DAZU PASST

+ Thailändischer Zucchini-Möhren-Salat → S. 137

TIPP
Grillzeit?
Den Thunfisch einfach von allen Seiten kurz grillen.

09

OBST UND DESSERT
SOUS-VIDE

OBST

Obst wird bei 60-85 °C gegart. Gartemperaturen müssen aufgrund der Molekülstrukturen um 20-30 °C höher als bei Fisch und Fleisch liegen.

Durch das Sous-vide-Garen bekommt Obst eine unglaubliche spannende Konsistenz. Der Geschmack explodiert und die Kombination Geschmack und neue Textur lenken die Sinne in völlig neue Dimensionen.

Farben und Aromen bleiben natürlicher, wenn sie bei verhaltenen Temperaturen vakuumiert gegart werden.

Bei Cremes wie die Crème brûlée wird durch das Garen im Wasserbad die Hautbildung verhindert.

AROMA- TABELLE

	Butter	Zucker	Honig	Pfeffer	Zimt	Thymian	Oregano	Rosmarin	Chili	Vanille
Ananas	●		●		●					●
Apfel		●			●					
Aprikosen		●								●
Bananen			●							
Birne	●	●			●					●
Erdbeeren		●								
Himbeeren			●							
Honigmelone							●			
Johannisbeeren		●		●		●				
Nektarine			●						●	
Pfirsich		●								●
Pflaumen		●			●	●		●	●	●
Rhabarber		●								●
Weintrauben	●	●								

TEMPERATUREN UND GARZEITEN

LEBENSMITTEL	TEMPERATUR	GARZEIT
Ananas	85 °C	70 Minuten
Apfel	85 °C	25 Minuten
Aprikosen	65 °C	25 Minuten
Bananen	65 °C	25 Minuten
Birne	85 °C	30-60 Minuten
Blaubeeren	65 °C	35 Minuten
Erdbeeren	65 °C	15 Minuten
Himbeeren	65-83 °C	25-45 Minuten
Johannisbeeren	65 °C	35 Minuten
Nektarine	75 °C	20 Minuten
Pfirsich	65 °C	20 Minuten
Pflaumen	75 °C	25 Minuten
Rhabarber	75 °C	20 Minuten
Weintrauben	75 °C	20 Minuten

MEHR WISSEN *Bereitet zuerst die Walnusseismasse zu. Nach dem Wasserbad kann man die Masse noch im Beutel sofort in einem Eisbad abkühlen und dann im Kühlschrank 10 Tage lagern. Etwa 40 Minuten, bevor die Ananas fertig gegart ist, könnt ihr die Eismasse in die Eismaschine geben.*

6 PORTIONEN

Pro Portion ca. 509 kcal/2132 kJ
9 g E • 31 g F • 48 g KH

ANANAS MIT **WALNUSSEIS**

ZIP-LOCK-METHODE ODER KAMMERVAKUUMIERER

80 °C

20 MINUTEN

\+ Eismaschine ca. 40 Minuten

ZUTATEN

6 Eigelb
200 g Milch
200 g Sahne
90 g Zucker
1 Tl Tahiti-Vanillepulver (z. B. von Ingo Holland)
20 g Walnusskerne

WALNUSSEIS

Die Eigelbe mit einem Schneebesen schaumig schlagen, mit der Milch und der Sahne vermischen. Den Zucker hinzufügen und unter Rühren auflösen. Die Tahiti-Vanille hinzugeben und vermischen. Die Masse in einen Zip-Lock-Beutel geben und mithilfe der Wasserverdrängungsmethode (s. S. 16) schließen.

Das Wasserbad auf 80 °C vorheizen und die Eismasse darin 20 Minuten erhitzen. Den Beutel aus dem Wasserbad nehmen und sofort in einem Eisbad abkühlen. Gegebenenfalls im Kühlschrank bis zur Verwendung aufbewahren.

Die Walnusskerne in einer Pfanne anrösten, abkühlen lassen und in einem Mörser grob zerkleinern. Bei Bedarf kann die Masse nun für ca. 10 Tage im Kühlschrank gelagert werden.

Die Eismaschine nach Anleitung vorbereiten. Sollten sich die Bestandteile der Eismasse im Beutel separiert haben, diesen einfach vorsichtig schütteln, bis wieder eine homogene Masse entstanden ist. Die Masse und die Walnusskerne in die Eismaschine geben und ein leckeres Walnusseis herstellen.

DAZU PASST natürlich die Ananas | Apfel → S. 124 | Birne → S. 127

SOUS-VIDE

85 °C

1 1/2 STUNDEN

\+ in der Pfanne anbraten

ZUTATEN

1 Ananas
brauner Zucker

KARAMELLISIERTE ANANAS

Die Ananas schälen und in ca. 2 cm dicke Scheiben schneiden. Den Strunk in der Mitte entfernen. Die Ananasscheiben nebeneinander in einen Vakuumierbeutel geben und vakuumieren. Das Wasserbad auf 85 °C vorheizen und die Ananasscheiben darin 1 1/2 Stunden garen.

Die Ananas aus dem Beutel nehmen, etwas trocken tupfen und mit braunem Zucker bestreuen. Die Ananas in der Pfanne karamellisieren lassen. Vorsicht, brennt schnell an!

CRÈME BRÛLÉE MIT ERDBEEREN

6 PORTIONEN

Pro Portion ca. 343 kcal/1436 kJ
5 g E • 27 g F • 21 g KH

SOUS-VIDE ODER ZIP-LOCK-METHODE
65 °C
15 MINUTEN

ZUTATEN
500 g Erdbeeren

ERDBEEREN

Das Wasserbad auf 65 °C vorheizen. Die Erdbeeren in einen Vakuumierbeutel geben und vakuumieren oder in einen Zip-Lock-Beutel geben und mithilfe der Wasserverdrängungsmethode (s. S. 16) verschließen. Im Wasserbad 15 Minuten garen.

DAZU PASST natürlich die Crème brûlée **|** Eis (ohne Walnüsse zubereitet) → S. 119

WASSERBAD
80 °C
1 STUNDE
\+ Ruhezeit: 12 Stunden
\+ Kühlzeit: 5 Stunden

ZUTATEN
400 g Sahne (mit möglichst hohem Fettgehalt, z. B. Konditorsahne)

140 ml Milch (mind. 3,7 % Fettgehalt)

5 Eigelb

85 g brauner Zucker plus etwas zum Karamellisieren

2 Tl Vanillepulver (z. B. von Ingo Holland)

1 Tl Limettenabrieb

CRÈME BRÛLÉE

Sahne, Milch und Eigelbe gut verquirlen und mit den restlichen Zutaten vermengen. Über Nacht ziehen lassen.

Die Masse in 6 dichte Schraubgläser füllen und diese gut verschließen. Die Gläser sollten zu maximal 3/4 gefüllt sein. Das Wasserbad auf 80 °C vorheizen, die Gläser vorsichtig hineinstellen und die Creme 1 Stunde garen.

Die Gläser aus dem Wasserbad nehmen und mindestens 5 Stunden in den Kühlschrank stellen. Dann den Deckel abschrauben, den braunen Zucker auf der Oberfläche verteilen und mit einem Gasbrenner abflammen und karamellisieren lassen. Vorsichtig, der Zucker soll nicht verbrennen.

MEHR WISSEN *Durch die Garzeit wird sich das Aroma der Erdbeeren Richtung Erdbeermarmelade verändern, die Erdbeeren werden aber ihre Form behalten. Dieser Effekt täuscht die Sinne und überrascht die Geschmacksknospen.*

HIMBEERMOUSSE **MIT WAFFELN**

8 PORTIONEN

Pro Portion ca. 374 kcal/1567 kJ
4 g E • 25 g F • 34 g KH

ZIP-LOCK-METHODE
83 °C
45 MINUTEN

ZUTATEN

500 g Himbeeren (TK)
30 g Puderzucker
3 Tl Limettensaft
1/2 Tl Meersalz
1 Msp. Zimtpulver
1/2 Tl Vanillepulver (z. B. von Ingo Holland)
250 g Sahne
Minzblätter und Himbeeren zum Anrichten

HIMBEERMOUSSE

Das Wasserbad auf 83 °C vorheizen. Himbeeren, Puderzucker, Limettensaft, Salz, Zimt und Vanillepulver in einen Zip-Lock-Beutel geben und mithilfe der Wasserverdrängungsmethode (s. S. 16) schließen. Die Himbeeren im Wasserbad 45 Minuten garen.

Den Inhalt des Beutels in einen Mixer geben und zu einem feinen Püree verarbeiten. Durch ein Sieb in eine Glasschüssel passieren und abkühlen lassen. Die Sahne schlagen und unterheben.

DAS PASST ZU natürlich die Waffel
oder nix: einfach pur mit Himbeere und Minze garniert servieren

ZUTATEN

125 g weiche Butter
100 g Zucker
1 Prise Salz
2 Eier
50 g Maisstärke
50 g Kartoffelstärke
25 g Maismehl
Butter für das Waffeleisen
Puderzucker zum Bestäuben

WAFFELN

Butter und Zucker schaumig aufschlagen. Salz untermischen und die Eier unterrühren. Die Stärke und das Maismehl vermengen und esslöffelweise unter die Buttermischung rühren.

Das Waffeleisen vorheizen, einfetten und eine Kelle Teig hineingeben. Nacheinander goldgelbe Waffeln ausbacken. Sofort nach dem Backen mit Puderzucker bestäuben.

APFEL, MANDELN **VANILLESAUCE**

4 PORTIONEN

Pro Portion ca. 456 kcal/1910 kJ
8 g E • 31 g F • 37 g KH

ZIP-LOCK-METHODE
85 °C
20 MINUTEN

APFEL

ZUTATEN
2 Äpfel
30 ml Apfelsaft
1 Tl Tahiti-Vanillepulver
20 g Zucker
30 g Butter

Das Wasserbad auf 85 °C vorheizen. Die Äpfel schälen, achteln und mit den restlichen Zutaten in einen Zip-Lock-Beutel geben. Diesen mithilfe der Wasserverdrängungsmethode (s. S. 16) schließen und die Äpfel 20 Minuten im Wasserbad garen.

VANILLESAUCE

ZUTATEN
300 ml Milch
3 El Zucker
Mark von 1 Vanilleschote
3 Eigelbe

Milch, Zucker und Vanillemark aufkochen, anschließend die Hitze reduzieren. Das Eigelb schaumig schlagen und die heiße Vanillemilch unterrühren. Die Sauce wieder auf den Herd stellen und so lange weiterschlagen, bis sie cremig ist und einmal „blubb" macht. Dann sofort von der heißen Herdplatte ziehen.

MANDELBUTTER

ZUTATEN
50 g Mandelblättchen
50 g Butter
3 El Zucker
1/2 Tl Zimtpulver

Die Mandelblättchen in einer Pfanne ohne Fett goldbraun anrösten, auf einen Teller geben und abkühlen lassen. Butter mit Zucker, Zimt und abgekühlten Mandelblättchen vermengen.

MEHR WISSEN *Wenn eine Sauce bei geringer Hitze und unter stetigem Rühren mit Eigelb gebunden wird, nennt man das übrigens „zur Rose abziehen". Der Grund: Taucht man einen Rührlöffel in die fertige Sauce, zieht ihn wieder heraus und pustet auf den Löffelrücken, entsteht ein Muster, das an Rosenblätter erinnert.*

4 PORTIONEN

Pro Portion ca. 427 kcal/1788 kJ
4 g E • 26 g F • 44 g KH

BIRNEN MIT **SCHOKODUO**

SOUS-VIDE
84 °C
1 STUNDE

ZUTATEN

4 Birnen
1 Msp. Safran
4 El Zucker
1/2 Tl Tahiti-Vanillepulver

BIRNEN

Die Birnen halbieren, das Kerngehäuse entfernen, mit einem Sparschäler schälen. Birnen nebeneinander in einen Vakuumierbeutel geben, die restlichen Zutaten dazugeben und den Beutel vakuumieren.

Das Wasserbad auf 84 °C vorheizen und die Birnen darin 1 Stunde garen. Anschließend die Birnen aus dem Beutel nehmen.

DAS PASST ZU allen Wildgerichten, z. B. Rehrücken → S. 76, mit Preiselbeerkompott angerichtet | Käse und natürlich als Dessert mit dem Schokoduo

ZUTATEN

110 g dunkle Schokolade (70 % Kakaoanteil)
125 ml Sahne
100 g Crème double

SCHOKODUO

Die Schokolade fein hacken. Die Sahne aufkochen, vom Herd nehmen und 60 g der Schokolade hineingeben und unter Rühren schmelzen. Die Masse auf Zimmertemperatur abkühlen lassen und 5 Stunden kalt stellen.

Die Crème double mit der restlichen Schokolade aufschlagen und ebenfalls kalt stellen.

Vor dem Servieren die Sahnemasse aufschlagen und in einen Spritzbeutel mit großer Sterntülle füllen. Die Crème-double-Schoko ebenfalls in einen Spritzbeutel, aber mit kleiner Sterntülle füllen.

6-8 PORTIONEN

Pro Portion ca. 878 kcal/3673 kJ
18 g E • 71 g F • 43 g KH

LEMON CURD **MASCARPONE**

ZIP-LOCK-METHODE ODER KAMMERVAKUUMIERER

75 °C

1 STUNDE

+ Kühlzeit Dessert: 1 Stunde

ZUTATEN

4 unbehandelte Zitronen
175 g Zucker
6 Eier
200 g Butter
1/2 TI Salz

LEMON CURD

Das Wasserbad auf 75 °C vorheizen. Mit einer Reibe die Schale von den Zitronen reiben. Danach die Zitronen auspressen und den Saft durch ein Sieb streichen, damit keine Häute oder Kerne im Saft sind. Die Eier trennen und das Eiweiß für andere Gerichte verwenden.

Alle Zutaten in einen Zip-Lock-Beutel geben und mithilfe der Wasserverdrängungsmethode (s. S. 16) schließen. Die Masse im Wasserbad 1 Stunde garen.

Die Masse in einem Mixer aufmixen, dann zurück in den Beutel geben und in Eiswasser abkühlen.

ZUTATEN

50 g Butter
80 g Mehl
1 Tl Backpulver
1 El Vanillezucker
60 g Knusper-Müsli (z. B. Kölln Müsli Joghurt Zitrone)

CRUMBLE

Die Butter zerlassen, die restlichen Zutaten unterrühren und krümelig kneten. Den Backofen auf 175 °C vorheizen. Die Streusel auf einem mit Backpapier ausgelegten Backblech verteilen und im Ofen 15 Minuten knusprig backen.

ZUTATEN

250 g Mascarpone
100 ml Sahne
50 g Frischkäse
200 g Knusper-Müsli (z. B. Kölln Müsli Joghurt Zitrone)

ANRICHTEN

Mascarpone, Sahne und Frischkäse zu einer Creme aufschlagen. 6-8 Gläser bereitstellen und das Müsli auf die Gläser verteilen. Mit etwas Mascarpone-Creme bedecken, jeweils 3-4 Tl Lemon Curd daraufgeben und darauf wieder die Mascarpone-Creme. Mit ca. 2 Tl Lemon Curd abschließen und die Gläser für 1 Stunde in den Kühlschrank stellen. Den abgekühlten Crumble darüberstreuen und servieren.

SCHMECKT AUCH das restliche Lemon Curd als Brotaufstrich

TIPP
Das restliche Lemon Curd als Brotaufstrich servieren.

10

BEILAGEN UND **SAUCEN**

Pro Portion ca. 579 kcal/2425 kJ
12 g E • 42 g F • 39 g KH

4 PORTIONEN

ZUTATEN
250 g frische oder altbackene Brötchen
2 Eier
300 g Sahne
1 Prise Meersalz
1 Prise geriebene Muskatnuss
2 Schalotten
70 g Butter
1 El gehackte frische Petersilie

AUSSERDEM
hitzebeständige Frischhaltefolie

SERVIETTEN**KNÖDEL**

Die Brötchen würfeln. Eier und Sahne verquirlen, mit Salz und Muskat würzen. Die Schalotten sehr fein würfeln. Die Butter in einer Pfanne zerlassen und die Schalotten darin glasig anschwitzen. Brötchenwürfel, Eier-Sahne-Mischung, Schalotten und Petersilie gut miteinander vermengen und 1 Stunde ziehen lassen.

Rollen von 6 cm Ø formen und in hitzebeständige Frischhaltefolie einrollen, die Enden dabei fest verdrehen. In leicht siedendem Wasser 30–40 Minuten gar ziehen lassen. Danach Folie entfernen und Knödel in ca. 1 cm dicke Scheiben schneiden.

SCHMECKT ZU Rehfilet → S. 79 | Gänsekeule → S. 50
Wilschweinrücken → S. 80

Pro Portion ca. 134 kcal/559 kJ
3 g E • 0 g F • 29 g KH

4 PORTIONEN

ZUTATEN
150 g Jasmin-Duftreis
1 kleiner Bund Petersilie
1 kleiner Bund Schnittlauch
Salz
Pfeffer

KRÄUTER**REIS**

Reis kurz unter fließendem Wasser waschen, dann im Reiskocher oder im Topf nach Packungsangabe garen. Die Petersilie waschen, die Blätter grob von den Stängeln zupfen und klein hacken. Den Schnittlauch waschen und in feine Ringe schneiden. Beides unter den fertig gegarten Reis mischen und mit Salz und Pfeffer abschmecken.

SCHMECKT ZU Hähnchenschenkel → S. 44

Pro Portion ca. 240 kcal/1005 kJ
5 g E • 13 g F • 25 g KH

8 PORTIONEN

ZUTATEN
1 Bund Schnittlauch
4 Scheiben Brot nach Geschmack
3 El Olivenöl
Meersalz
1 Knoblauchzehe
200 g griechischer Joghurt (Fettgehalt 10 %)
Pfeffer

KNOBLAUCH**BROT**

Den Schnittlauch waschen und in feine Ringe schneiden. Brot in beliebige Stücke schneiden, mit Olivenöl einpinseln und mit etwas Salz bestreuen. Die Brotstücke in einer Pfanne oder auf dem Grill von beiden Seiten anrösten, herausnehmen und mit der Knoblauchzehe einreiben. Mit Joghurt bestreichen, mit Schnittlauchröllchen bestreuen und mit Meersalz und grob gemahlenem Pfeffer würzen.

SCHMECKT ZU Schweinenacken → S. 88 | Hühnerbrust → S. 48 |
Sepia-Salat → S. 100

Pro Portion ca. 210 kcal/876 kJ
3 g E • 1 g F • 32 g KH

4 PORTIONEN

ZUTATEN
3 Zwiebeln
100 ml helle Sojasauce
100 ml Mirin (Reiswein)
100 ml Sake
100 g brauner Zucker

SOJA**ZWIEBELN**

Zwiebeln in feine Streifen schneiden, mit den übrigen Zutaten in einen Topf geben und sirupartig einkochen.

Tipp: Die Sojazwiebeln halten sich im Kühlschrank mehrere Wochen.

SCHMECKT ZU Hanging Tender Tataki → S. 66 | Schweinenacken → S. 88 | Secreto → S. 92

Pro Portion ca. 68 kcal/285 kJ
1 g E • 5 g F • 3 g KH

4 PORTIONEN

ZUTATEN
1 Gurke
1 Bund rote Rettiche oder Radieschen
2 El Sesamöl
3 El Reisessig
Salz
Pfeffer

GURKEN-RETTICH-**SALAT**

Gurke und Rettich mit dem Sparschäler in dünne Scheiben hobeln und in einer Schüssel mit den übrigen Zutaten vermengen, mit Salz und Pfeffer abschmecken.

SCHMECKT ZU Hanging Tender Tataki → S. 66 | Schweinenacken → S. 88

Pro Portion ca. 79 kcal/332 kJ
3 g E • 3 g F • 8 g KH

4 PORTIONEN

ZUTATEN

1 Zucchini
1 Möhre
1 Thai-Chili
1 Knoblauchzehe
1 Handvoll Kirschtomaten
1/2 Bund Koriander
30 ml frischer Limettensaft
1 El thailändische Fischsauce
1 El brauner Zucker
2 El geröstete Erdnüsse

THAILÄNDISCHER ZUCCHINI-MÖHREN-**SALAT**

Die Zucchini und die Möhre waschen, mit einem Sparschäler in feine Streifen schneiden und anschließend zu feinen Streifen schneiden.

Die Chili in feine Ringe, die Knoblauchzehe in sehr feine Würfel schneiden. Die Tomaten halbieren und den Koriander samt der Stiele grob hacken.

Limettensaft, Fischsauce und Zucker mischen, zu den anderen Zutaten geben, vermengen und ziehen lassen. Die Erdnüsse hacken und kurz vorm Servieren untermischen.

SCHMECKT ZU Thunfisch → S. 112

Pro Portion ca. 131 kcal/552 kJ
2 g E • 10 g F • 5 g KH

4 PORTIONEN

ZUTATEN

1 kleine Fenchelknolle
1 Knoblauchzehe
4 El Olivenöl
1/2 Tl gemörserte Fenchelsamen
1 Tl Honig
Meersalz
150 g geschälte Tomaten aus der Dose
2 El Pernod
250 g Tomaten
2 Zweige Basilikum

TOMATEN-FENCHEL-**CHUTNEY**

Fenchel waschen und in feine Würfel schneiden. Knoblauch würfeln. Etwas Olivenöl in einem Topf erwärmen und Knoblauch, Fenchel und Fenchelsamen darin glasig dünsten. Den Honig dazugeben, kurz glasieren und mit Meersalz abschmecken. Die Dosentomaten hinzugeben, mit Pernod ablöschen und bei geringer Hitze kräftig reduzieren.

In der Zwischenzeit Tomaten über Kreuz einschneiden und in kochendem Wasser 10 Sekunden blanchieren. In Eiswasser abschrecken, häuten, vierteln, entkernen und in Würfel schneiden.

Das reduzierte Chutney mit einem Pürierstab oder im Mixer fein pürieren. Basilikum von den Stängeln zupfen und fein schneiden. Die frischen Tomatenwürfel und Basilikum unter das noch heiße Chutney heben und mit Olivenöl und Meersalz abschmecken.

SCHMECKT ZU Flanksteak → S. 64

Pro Portion ca. 141 kcal/591 kJ
3 g E • 9 g F • 12 g KH

4 PORTIONEN

ZUTATEN
300 g Mais aus der Dose
40 g Butter
Meersalz

MAIS**CREME**

Den Mais abgießen, die Hälfte des Abtropfwassers auffangen. Mais, aufgefangenes Abtropfwasser, Butter und wenig Salz in einem Topf erwärmen, dann sehr fein pürieren. Vor dem Servieren mit Meersalz abschmecken und erhitzen.

SCHMECKT ZU Flanksteak → S. 64 | Texas Style Brisket → S. 58
Kabeljau → S. 105

Pro Portion ca. 191 kcal/797 kJ
3 g E • 17 g F • 5 g KH

4 PORTIONEN

ZUTATEN
500 g Blumenkohl
100 ml Wasser
3 g Meersalz
80 g Butter
Saft von 1 Limette

BLUMENKOHL**PÜREE**

Blumenkohl in kleine Stücke schneiden. Wasser, Salz, Butter und Blumenkohl in einen Topf geben und mit geschlossenem Deckel ca. 15 Minuten weich garen. Blumenkohl mit dem Restwasser vom Kochen im Mixer oder mit dem Pürierstab zu einem feinen Püree verarbeiten. Mit Limettensaft nach Wunsch abschmecken.

SCHMECKT ZU Lachs → S. 102

Pro Portion ca. 304 kcal/1275 kJ
3 g E • 23 g F • 21 g KH

4 PORTIONEN

ZUTATEN
1 Schalotte
5 Pastinaken
50 g Butter
Murray River Salt
Pfeffer
Muskatnuss
ca. 200 g Sahne

PASTINAKEN**PÜREE**

Die Schalotte fein würfeln, die Pastinaken schälen und in kleine Stücke schneiden. Butter in einer Pfanne zerlassen, Schalotten darin glasig dünsten. Die Pastinaken zu den Schalotten geben, mit Salz, Pfeffer und Muskat würzen und circa 3 Minuten mitdünsten. Die Sahne hinzugeben und für weitere 15 Minuten köcheln lassen. Dann die Pastinaken mit einem Kartoffelstampfer zerdrücken und mit Salz, Pfeffer und Muskat abschmecken.

Tipp Wem das Püree von der Konsistenz zu dick ist, kann es durch ein Sieb streichen.

SCHMECKT ZU Kalbsbäckchen → S. 70

Pro Portion ca. 193 kcal/807 kJ
12 g E • 6 g F • 22 g KH

4 PORTIONEN

ZUTATEN
300 g grüne Erbsen (TK)
2 Schalotten
2 Knoblauchzehen
Rapsöl
40 ml Geflügelbrühe
Salz
Pfeffer
Zucker
Limettensaft

ERBSEN**PÜREE**

Die Erbsen auftauen. Die Schalotten fein würfeln und den Knoblauch in feine Scheiben schneiden. Die Knoblauchscheiben in etwas Rapsöl goldbraun braten, aus der Pfanne nehmen und auf Küchenkrepp abtropfen lassen. Die Schalotten in die Pfanne geben und glasig dünsten. Die Erbsen dazugeben und die Geflügelbrühe angießen. Aufkochen und 2 Minuten kochen lassen. In einem Mixer fein pürieren und mit Salz, Pfeffer, Zucker und einem Spritzer Limettensaft abschmecken.

SCHMECKT ZU Onsen-Ei → S. 42

Pro Portion ca. 91 kcal/382 kJ
2 g E • 5 g F • 9 g KH

4 PORTIONEN

ZUTATEN
2 Schalotten
10 g Ingwer
2 El Erdnussöl
200 g Möhren
100 g mehligkochende Kartoffeln
250 ml Kokosmilch
1 Tl thailändische Fischsauce

MÖHREN-**ESPUMA**

Schalotten und Ingwer fein würfeln. Das Erdnussöl in einer Pfanne erhitzen und Schalotten und Ingwer darin glasig anschwitzen. Möhren und Kartoffeln schälen, in kleine Würfel schneiden und dazugeben. Die Kokosmilch angießen, die Hitze reduzieren und Kartoffeln und Möhren weich kochen. Mit dem Stab- oder Standmixer fein pürieren und mit Fischsauce abschmecken. Mithilfe von Trichter und Sieb in den Sahne-Siphon geben und mit 2–3 Stickstoffpatronen laden. Den Siphon bei ca. 75 °C im Wasserbad warm halten.

SCHMECKT ZU Jakobsmuscheln → S. 108 | Koriander-Erdnuss-Pesto → S. 154

Pro Portion ca. 174 kcal/728 kJ
5 g E • 6 g F • 20 g KH

8 PORTIONEN

ZUTATEN

1 Rotkohl

1 rote Zwiebel

3 süße Äpfel

100 g Schinkenspeck

4 El Butterschmalz

300 ml Apfelsaft

200 ml Rotwein

4 El Apfelmus

2 Lorbeerblätter

6 Wacholderbeeren

4 Nelken

5 Pimentkörner

Salz

Pfeffer

Zucker

APFEL-**ROTKOHL**

Den Rotkohl vierteln und mit einem scharfen Messer den Strunk entfernen. Den Kohl dann sehr fein schneiden bzw. hobeln. Zwiebel und Äpfel fein würfeln.

Schinkenspeck würfeln und in einem großen Topf auslassen. Wenn das gesamte Fett ausgetreten ist und die Speckwürfel braun sind, diese aus dem Topf nehmen und in einem Gefäß beiseitestellen.

Butterschmalz in den Topf geben und zerlassen. Die Zwiebel- und Apfelwürfel hinzugeben und bei mittlerer Hitze gut andünsten. Dann den geschnittenen Rotkohl portionsweise hinzugeben und gut verrühren. Apfelsaft, Rotwein und Apfelmus hinzugeben und alles gut vermischen. Die Gewürze hinzugeben, den Topf mit einem Deckel verschließen und den Rotkohl unter gelegentlichem Rühren gut 2 Stunden köcheln lassen.

Danach den Deckel abnehmen und den Kohl einkochen, bis die Flüssigkeit reduziert ist. Die Gewürze entfernen und den Rotkohl mit Salz, Pfeffer und Zucker abschmecken.

SCHMECKT ZU Rehfilet → S. 79 | Serviettenknödel → S. 133

Pro Portion ca. 117 kcal/492 kJ
12 g E • 6 g F • 4 g KH

8 PORTIONEN

ZUTATEN

1 kg Prinzessbohnen

Salz

Pfeffer

32 Scheiben Speck (möglichst breit und nicht zu dünn)

2 El Olivenöl (z. B. Band of Chefs)

SPECK**BOHNEN**

Die Bohnen waschen, putzen und in kochendem Salzwasser ca. 8 Minuten garen. Abgießen, kalt abschrecken, gut abtropfen und zu 16 Bündeln zusammenfassen. Jeweils 2 Scheiben Speck nebeneinander auf ein Brett legen, pfeffern und jedes Bündel fest mit Speck umwickeln.

Olivenöl in einer Pfanne erhitzen und die Bohnenbündel darin rundherum goldbraun anbraten, herausnehmen und warm halten.

SCHMECKT ZU Rinderfilet → S. 69 | Serviettenknödel → S. 133

TIPP

Die Gewürze in einen Teefilter geben, das erleichtert die Entnahme nach dem Garen.

MEHR WISSEN *Das Popcorn ist ein großer Spaß. Große Stücke eignen sich wunderbar zum Knabbern, kleinere Würfel sind eine tolle Cruncheinlage für Burger, Hotdogs, Tacos und andere Gerichte. Trocken gelagert, hält sich das Popcorn mehrere Tage.*

24 PORTIONEN

Pro Portion ca. 30 kcal/125 kJ
5 g E • 1 g F • 0 g KH

VERSAUTES POPCORN

ZUTATEN

RUB

2 El rosenscharfes Paprikapulver
1 El Zwiebelgranulat
1 El gemahlener Pfeffer
1 Tl gemahlene Senfkörner
1 Tl Chilipulver
1 Tl Knoblauchgranulat
1 Tl getrockneter Majoran
1 Tl gemahlene Kurkuma
1 Tl Salz
1 Tl brauner Zucker

POPCORN

500 g Schweineschwarte (beim Metzger vorbestellen)
1-2 l Öl
ca. 1-2 Tl Rub

Für den Rub alle Zutaten mischen.

Die Schwarte in handliche Stücke schneiden und in kochendem Wasser ca. 2 Stunden köcheln lassen, bis sie schön weich ist, unter fließendem kalten Wasser abkühlen. Falls an der Unterseite der Schwarte noch Fettreste sind, diese durch vorsichtiges Kratzen mit einem Messer entfernen. Die Schwarte in kleine Vierecke schneiden, je nach gewünschter Größe und späterem Einsatz (siehe oben).

Zum Trocknen kommt die Schweineschwarte nun in den Backofen (80 °C Umluft) oder in einen Dörrautomaten. Sie muss richtig schön trocken sein. In diesem Zustand können die Chips einige Wochen gelagert werden.

Öl in einem Topf oder in einer Fritteuse erhitzen und die Schwartenchips portionsweise hineingeben und aufpoppen lassen. In einem Sieb abtropfen, in eine Schüssel geben, nach Belieben mit dem Rub würzen.

DAZU PASST

+ Schweinebauch → S. 91

TIPP

Wenn ihr den Schweinebauch von S. 91 zubereitet, könnt ihr die Schwarte vor dem Einlegen in die Lake entfernen und für das Popcorn verwenden.

TIPP

Die Sauce portionsweise einfrieren, zum Beispiel in Eiswürfelbehältern, so habt ihr schnell etwas davon parat.

Pro Portion ca. 3373 kcal/14124 kJ
13 g E · 282 g F · 63 g KH

BRAUNE **SAUCE**

FÜR REICHLICH SAUCE

ZUTATEN

1 kg Markknochen vom Rind
Butterschmalz zum Anbraten
300 g Wurzelgemüse (Knollensellerie, Möhren, Zwiebeln)
5 El Tomatenmark
1 l Rotwein
1 l Rinderfond
2 Lorbeerblätter
1 Tl rosa Pfefferbeeren
3 Wacholderbeeren
3 Pimentkörner
2 Nelken
125 g kalte Butter in Stückchen

Den Backofen auf 200–220 °C vorheizen. Die Markknochen 30 Minuten im Ofen rösten. Butterschmalz im Topf erhitzen und die angerösteten Knochen dazugeben. Das Röstgemüse in den Topf geben und kräftig anbraten. Tomatenmark dazugeben und gut verrühren. Das Mark darf nicht anbrennen, sonst wird es bitter. Mit Rotwein ablöschen und den Bratsatz vom Topfboden lösen. Den Fond angießen, die Gewürze zugeben und alles gut vermengen. Die Hitze reduzieren und den Sud 4–5 Stunden ohne Deckel sanft köcheln lassen.

Die Sauce zunächst durch ein grobes Sieb abgießen und Markknochen sowie das Röstgemüse entfernen. Dann durch ein feines Sieb passieren, um Gewürze und kleinere Stücke aus der Sauce zu entfernen. Jetzt ist die braune Grundsauce bzw. der Jus fertig.

Um daraus eine Demi-glace herzustellen, muss die Sauce um die Hälfte reduziert und anschließend abgebunden werden. Dazu die Grundsauce noch einmal bei mittlerer Hitze auf den Herd stellen, bis nur noch halb so viel Flüssigkeit im Topf ist. Das dauert ungefähr 30 Minuten. Zum Binden die kalte Butter portionsweise in die Sauce geben und mit dem Schneebesen glatt rühren.

SCHMECKT ZU Hähnchenschenkel → S. 44 | Gänsekeule → S. 50 | Wildschweinrücken → S. 80 | und zu allen Fleischgerichten

---

Pro Portion ca. 1571 kcal/6599 kJ
36 g E · 103 g F · 50 g KH

PORTWEIN**JUS**

FÜR REICHLICH SAUCE

ZUTATEN

2 Schalotten
1 Tl Zucker
1 El Tomatenmark
1 Rosmarinzweig
2 Thymianzweige
300 ml Portwein
1 l Wildfond
1 El Preiselbeerkonfitüre
Meersalz
Pfeffer
100 g kalte Butterwürfel

Die Schalotten klein würfeln und mit dem Zucker in einem Topf karamellisieren. Tomatenmark, Rosmarin- und Thymianzweige hinzufügen und gut anrösten. Mit der Hälfte des Portweins ablöschen und einkochen lassen. Danach die zweite Hälfte Portwein hinzugeben und wieder einkochen lassen. Nach und nach den Wildfond dazugießen. Zwischendurch immer wieder reduzieren lassen. Sobald die Sauce bis auf ein Drittel reduziert ist, die Flüssigkeit durch ein Sieb streichen. Preiselbeermarmelade hinzufügen, mit Pfeffer und Salz abschmecken. Zum Schluss die Sauce mit den kalten Butterwürfeln abbinden.

SCHMECKT ZU Rehrücken → S. 76 | Kalbsbäckchen → S. 70, dann aber statt des Wildfonds 500 ml Rotwein und 500 ml Kirschsaft nehmen

Pro Portion ca. 518 kcal/2171 kJ
4 g E • 2 g F • 110 g KH

BONE SUCKING **SAUCE**

FÜR REICHLICH SAUCE

ZUTATEN

750 ml Cola
8 El Tomatenmark
3 El Dijon-Senf
1 El Balsamico-Essig
1 El Apfelessig
1 El Worcestersauce
2 El Honig
Saft von 1/2 Limette
1/2 Tl Chilipulver
1 Prise Cayennepfeffer
1 Prise mildes Currypulver
1 Tl edelsüßes Paprikapulver
Rauchsalz
Pfeffer
2 Nelken
125 g kalte Butter in Stückchen

Die Cola in einen Topf geben, zum Kochen bringen und zu einer sirupartigen Konsistenz einkochen. Dann Tomatenmark, Senf, Balsamico, Apfelessig, Worcestersauce und den Honig hinzufügen. Mit Limettensaft und den Gewürzen abschmecken. Alles zu einer sämigen Sauce verrühren. Sollte die Sauce noch zu flüssig sein, einfach noch etwas reduzieren.

SCHMECKT ZU Spareribs → S. 95 | Texas Style Brisket → S. 58

Pro Portion ca. 349 kcal/1464 kJ
6 g E • 23 g F • 19 g KH

ORANGEN**SAUCE**

4 PORTIONEN

ZUTATEN

3 unbehandelte Orangen
4 cl Cointreau
3 Schalotten
75 g Butter
1 El Rohrzucker
1 El Tomatenmark
150 ml Rotwein
300-400 ml Geflügelfond
1 El Orangenmarmelade
3-4 El Sahne

Von 1 Orange Zesten ohne weiße Unterhaut abziehen. Dann die Orange auspressen. Die beiden restlichen Orangen filetieren und in etwas Cointreau marinieren. Schalotten in feine Würfel schneiden. Butter in einer Pfanne zerlassen und die Schalotten darin glasig dünsten. Zucker und danach das Tomatenmark unterrühren. 1 Schuss Cointreau, etwa 100 ml Wein, 300 ml der Brühe und die Hälfte des ausgepressten Orangensafts dazugeben. Aufkochen, Hitze reduzieren und die Sauce einkochen. Wenn die Sauce zu dickflüssig wird, etwas mehr Brühe hinzugeben. Mit der Orangenmarmelade und der Sahne abschmecken.

SCHMECKT ZU Wildentenbrust → S. 53

TIPP

Die Butter in Scheiben schneiden und einfrieren, so habt ihr schnell einen tollen Geschmacksverstärker zur Hand.